I0763254

Abraham Berliner

Aus dem Leben der Juden Deutschlands im Mittelalter

SEVERUS Verlag

ISBN: 978-3-95801-185-4
Druck: SEVERUS Verlag, 2015

Der SEVERUS Verlag ist ein Imprint der Diplomica Verlag GmbH.
Bibliografische Information der Deutschen Nationalbibliothek:
Die Deutsche Nationalbibliothek verzeichnet diese Publikation in der Deutschen Nationalbibliografie; detaillierte bibliografische Daten sind im Internet über http://dnb.d-nb.de abrufbar.

http://www.fabula-verlag.de
Printed in Germany

Abraham Berliner

Aus dem Leben der Juden Deutschlands im Mittelalter

SEVERUS

ABRAHAM BERLINER

AUS DEM LEBEN DER JUDEN DEUTSCHLANDS IM MITTELALTER

In neuer Fassung herausgegeben von

Ismar Elbogen

können wir bis zu einer gewissen Zeit, besonders im Vergleich zu dem Schicksal, welches ihrer später wartet, nicht als durchaus ungünstig bezeichnen. Wie die Juden schon früh bei der Gründung von Städten nicht völlig unbeteiligt geblieben sein mögen, so scheint man auch in der Folgezeit sie nicht selten als einen wesentlichen Teil der Einwohnerschaft betrachtet zu haben. Nicht vereinzelt stehen die Beispiele besonderer Zuvorkommenheit da, mit welcher man die Juden behandelte. Die Lage des Rathauses in Köln am Eingange der Judengasse und gegenüber dem Standort der mittelalterlichen Synagoge erinnert noch heute an das ursprünglich ungetrübte Einvernehmen. Um die Bürger von Worms für ihre Treue zu belohnen, erläßt unterm 18. Januar 1074 Heinrich IV. wie den übrigen Wormsern auch den Juden den Zoll, den sie bisher an allen kaiserlichen Zollstellen zahlen mußten. Bischof Rüdiger von Speyer verpflanzt, als er das Dorf Speyer zur Stadt zieht, auch Juden dorthin in der Überzeugung, daß er dadurch »den Glanz des Ortes vertausendfache«. Nach verschiedenen Rechten, die er seinen Juden erteilt, will er seiner Gnade die Krone aufsetzen, indem er ihnen endlich das beste Recht verheißt, das die Judenschaft in irgendeiner Stadt des deutschen Reiches hat.
Auch die Trauer, welche die Juden beim Tode eines Gebieters kundgeben, läßt auf das dankbare Gefühl schließen, welches sie dem dahingeschiedenen Fürsten zu bewahren sich schuldig fühlten. So wird berichtet, daß, als die Leiche des Erzbischofs von Magdeburg von der gesamten Geistlichkeit eingeholt wurde, auch eine große Schar von Juden ihren Schmerz bezeugte. Der Biograph des Bischofs Adalbero II. von Metz berichtet (c. 1015), derselbe habe sich so viel Liebe erworben, daß er selbst von den Juden noch immer täglich beweint werde. Die

Mainzer Juden ziehen der Leiche des Erzbischofs Bardo entgegen, werfen sich vor ihr zu Boden und bestreuen sich das Haupt mit Staub, indem sie laut den Tod des Erzbischofs beklagen. Als Erzbischof Anno von Köln bei Einbruch des Sabbats stirbt und in der ganzen Stadt die tiefste Trauer herrscht, erheben auch die Juden beim Morgengrauen in ihrer Synagoge lautes Wehgeschrei und beklagen Annos Tod, indem die einen seinen Namen rufen, andere von der Rechtlichkeit und der Reinheit seines Lebens sprechen.
Noch bei der Eröffnung des ersten Kreuzzugs (1096) hatte dessen Urheber, Peter von Amiens, sich gerecht gegen die Juden verhalten und nur, auf Grund von Empfehlungsschreiben der französischen Juden, Wegzehrung von ihnen erbeten. Die besseren Bürger und die Stadtherren, letztere sogar mit Gefahr des eigenen Lebens, waren nach Kräften für die Juden eingetreten. Erst als der religiöse Fanatismus den Gedanken erzeugte, daß die Vernichtung der Feinde Christi nicht erst bei den Nichtchristen im Morgenlande anzufangen habe, wandten sich die Pilgerhaufen gegen die wehrlosen Juden, um sie zu berauben und dann zu töten. Wurde ja durch das Land verkündet, daß jedem, der einen Juden tötet, alle Sünden vergeben seien.
Mit dem Ausbruch des zweiten Kreuzzugs (1146) trat dann in Deutschland der traurige Wendepunkt in der Geschichte der Juden ein, indem ihnen die ursprüngliche rechtliche und soziale Gleichheit entzogen wurde. Gegenüber der Gewalt, welche nunmehr in grausigen Verfolgungen sich zu üben suchte, gewannen die Juden Kraft und Stütze einzig und allein in der festen beharrlichen Liebe zu der Lehre Gottes und in der mit Mut erfüllenden Erhebung, welche das Leben im Sinne und im Geiste dieser Lehre gewährt. Diese Erhebung war es, welche die Juden des Mittelalters mit Leichtigkeit alle die Martern, in deren Erfin-

dung die Verfolger sich überboten, ertragen, ja häufig nicht einmal empfinden ließ. »So einer den festen Entschluß gefaßt hat«, behauptet der einer mehrjährigen Haft in Ensisheim im Jahre 1293 erlegene R.Meïr ben Baruch aus Rothenburg, »in seiner Glaubenstreue standhaft zu bleiben und im nötigen Falle für dieselbe als Märtyrer zu bluten, empfindet er nichts von den Qualen der Tortur. Möge man ihn steinigen oder brennen, lebendig vergraben oder hängen – er bleibt empfindungslos, kein Wehruf entfährt seinen Lippen. Es ist überliefert, daß hierauf die Worte des Weisen (Sprüche 23 35) sich beziehen: ‚Sie schlugen mich, es schmerzt mich nicht! Sie hieben mich, ich weiß es nicht!'«

Der Ruhm einer solchen überzeugungsvollen und daher todesmutigen Glaubenstreue zeichnete gerade die Juden Deutschlands aus und sicherte auch in der weiten Ferne ihren Ruf. »Die heiligen Gemeinden Deutschlands«, ruft ein in Frankreich lebender Schüler Raschis aus, »zu tausendfachem Segen sei ihrer gedacht, sind voll edelsten Gehalts, ausgezeichnet in ihrem Tun.« Die treue Anhänglichkeit an den väterlichen Glauben erhielt sich während besserer Zeiten trotz des regen Verkehrs, in den sie Juden mit Christen treten ließen; sie wich auch nicht in traurigen Zeiten, in denen solche Treue mit dem Leben gebüßt werden mußte. Zu allen Zeiten ward diese Treue genährt durch die Freudigkeit des gedanklichen Schaffens im Lehrhause oder durch die Erhebung, welche im täglichen dreimaligen Gebet des Gotteshauses gewonnen wurde. Hier wie dort drückte keine Sorge, war kein Trübsinn wahrzunehmen, auch wenn draußen die Fluten der Bedrängnis immer höher gingen.

Darum konnte das jüdische Haus nicht früh genug damit beginnen, das noch zarte Kind an die Befolgung der religiösen Vorschriften zu gewöhnen und es von jeder Übertretung fernzuhalten. Alles mußte Mittel sein für den hochheiligen Zweck, das Kind in den väterlichen Glauben und seine Quelle, die Gotteslehre, einzuführen. Wie R. Jehoschua ben Chananjas Mutter in alter Zeit die Wiege mit dem darin ruhenden Säugling in das Lehrhaus trägt, damit jene Stimmen vom Jordan und Euphrat seinem Ohr schon früh Heimatsklänge werden, so singt die Mutter im Mittelalter dem Kindlein religiöse Weisen vor. Ihre Schlummerlieder sind oft hebräische Gebete und Schriftstellen, die jetzt nur einschläfernd wirken, später aber wach erhalten sollen, wach in der finsteren, lang andauernden Nacht der Bedrückung. Sie meidet dagegen Lieder mit heidnischen Anklängen, wie sie in der damaligen Welt gebräuchlich waren. Und hat das Kind zu lallen begonnen, so spricht ihm der Vater als Bekenntnis die Worte vor: *»Die Lehre hat uns Mose befohlen als Erbteil der Gemeinde Jaakobs«*, er lehrt es, wie es hierbei die Augen zudrücken solle, damit es auf die ganze Welt mit ihren Grausamkeiten und ihren Verlockungen zum Abfall nicht achte, vielmehr immer laut bekenne: *»Höre Israel, der Ewige ist unser Gott, der Ewige ist einzig«*. Er schärft ihm frühzeitig das Losungswort für den bevorstehenden Kampf ein, er rüstet es beizeiten mit dieser ewigen Wahrheit aus, daß sie ihm ein Schild werde, mit dem er siegen oder auf dem er sterben müsse.

Es ist dasselbe Wort, das sich unwillkürlich dem gepreßten jüdischen Herzen im Augenblicke der Gefahr und Not entringt. Geht der Versöhnungstag zu Ende, so beschließt man überall, wo sich jüdische Beter zusammengefunden haben, mit diesem Ausruf den heiligsten Tag des Jahres. Und schließt der sterbende Glaubensbruder seine Augen, so spricht er als letztes dieses Bekenntniswort, begleitet es ihn, von der heiligen Genossenschaft, die das Lager umsteht, laut ausgerufen, in die ewige Heimat.

Mit dem fünften Lebensjahre fing der regelmäßige Schulbesuch mit einer besonderen vorangehenden Feierlichkeit an, die noch aus alter Zeit herstammte, und von Jerusalem nach vielen Gemeinden verpflanzt worden war. Am Wochenfeste, dem Tage der Offenbarung am Sinai, brachte man den Kleinen bei Tagesanbruch nach der Synagoge oder nach dem Hause des Lehrers. Auf dem Wege dahin verhüllte ihn der Vater mit seinem Mantel. Der Lehrer nimmt den Knaben auf den Arm, eingedenk jener Schriftstelle: »wie der Wärter den Säugling trägt« (4. M. 11 12), zeigt ihm dann eine Tafel von Pergament oder Holz, worauf das hebräische Alphabet, je vier Buchstaben zu einem Worte zusammengefaßt, nebst den Versen 5. M. 33 4; 3. M. 1 1 und den Worten »Die Lehre sei meine Beschäftigung« aufgeschrieben waren. Die Wörter des Alphabets und die Verse werden dem Kinde rückwärts und vorwärts vorgesagt, worauf die Buchstaben mit Honig bestrichen werden, damit es die Süßigkeiten mit seiner Zunge koste. Auf einem aus feinem Mehl, Honig, Milch und Öl bereiteten Kuchen standen folgende Schriftverse: »Der Ewige sprach zu mir: Menschensohn, nähre deinen Bauch, und deinen Leib fülle mit dieser Rolle, die ich dir gebe. Ich aß sie und sie war in meinem Munde wie Honig so süß« (Jecheskel 3 3); ferner (Jeschajahu 50, 4–5): »Gott der Herr hat mir eine Zunge für Lehrlinge gegeben, daß ich den Müden zu stärken wisse mit dem Wort; er erweckt ja am Morgen, erweckt mir das Ohr wie Lehrlinge zu horchen; Gott der Herr hat mir das Ohr geöffnet, und ich sträube mich nicht, weiche nicht.« Außerdem standen noch acht verschiedene Verse aus dem 119. Psalm auf dem Kuchen, während auf der Schale eines gekochten Eis vier andere Verse aus diesem Psalm geschrieben waren. Die Inschriften auf Kuchen und Ei wurden mit dem Knaben gelesen; eine kabbalistische Beschwörung des sogenannten Schutzgeistes gegen die Vergeßlichkeit, der jede geistige Beschränkung beseitigt, fehlte hierbei nicht, worauf Kuchen und Ei der anwesenden Schülerschar zum Essen gegeben wurden. Man versprach sich von einem solchen Genusse, daß er dem Kinde eine besondere Fassungskraft verleihe, wie auch von dem großen Synagogendichter Elasar ha-Kallir (7. Jhdt.) erzählt wird, er habe von solchen Kuchen (collyris), die sein Vater ihm gegeben, nicht allein den Beinamen, sondern auch den hellen Geist empfangen, – wie dem Pindar die Bienen von Hymettos den Mund mit süßer Sangesgabe füllten, fügt Sachs in seinem Buche über die religiöse Poesie der Juden in Spanien hinzu. Nach beendeter Feier für die erste Einführung in den Unterricht geleitete man den Knaben an das Wasser, welches als Symbol für die Gotteslehre, als Quelle aller Erkenntnis gilt, zugleich als günstige Vorbedeutung, daß sich bei dem Knaben das Schriftwort erfüllen werde: »es mögen deine Quellen nach außen hin sich verbreiten« (Sprüche 5 16).

Dem Jugendunterricht förderlich zu sein, galt für hohes Verdienst. Man hielt es für noch löblicher, für diesen Zweck als für die Erhaltung der Synagoge beizutragen. Alphabete für den ersten Unterricht anzufertigen, die biblischen Bücher oder einzelne Traktate des Talmuds abzuschreiben und für die Jugend herzugeben, ward als Pflicht eines jeden Frommen angesehen. Alles, was mit dem Unterricht in Berührung kommt, galt als heilig; so sollten die Hölzchen, mit denen auf die Buchstaben des Alphabets gezeigt wird, nicht zu profanem Zwecke verwendet werden. Die Zeit des Unterrichts sollte durch nichts gestört oder unterbrochen werden; »selbst wenn der Bau des Tempels zu Jerusalem in Frage stünde, dürfte um deswillen der Unterricht nicht eingestellt werden«, lautet ein talmudischer Ausspruch (Schabbat 119 b). Man hielt den Lehrer, der einzelne Stunden erteilt, für ver-

pflichtet, einen Stundenanzeiger anzuschaffen, um die festgestellte Unterrichtszeit genau innehalten zu können.
Der Lehrer sollte die individuellen Anlagen der Schüler prüfen und hiernach den Unterrichtsstoff für sie bemessen. »Gewöhne den Knaben nach seiner Weise« sollte als leitender Grundsatz dem Lehrer stets vor Augen sein. Bemerkte er keine Fortschritte auf dem schwierigen, talmudischen Gebiete, so sollte er den Schüler nicht länger mit einem zwecklosen Unterricht quälen, vielmehr bei dem biblischen Unterricht verbleiben, nebenbei aber Auszüge aus halachischen Werken wie auch Kommentare zur Schrift und den Vortrag des akzentuierten Textes in den Unterrichtsplan aufnehmen. So wurden immer nur Befähigtere zum Studium des Talmud, für das es besondere Lehrstätten gab, geführt. Hier widmete sich die reifere Jugend unter der Leitung der Lehrer mit ernstem Fleiße der Forschung, für die nicht allein der ganze Tag, sondern zum Teil auch die Nacht verwendet wurde; ja nicht selten geschah es, daß man auch die Nächte einer ganzen Woche im Lehrhause dem Studium weihte; man begnügte sich, in einer kurzen Unterbrechung sich dem Schlafe zu ergeben und erst in der Sabbatnacht der erquickenden Ruhe vollständig zu genießen. Die studierende Jugend wurde zum größten Teil durch die Unterstützung von Vereinen und Wohltätern, aber auch durch die Lehrer selbst, bei denen die Schüler nicht selten auch wohnten, unterhalten. Fremden oder armen Studierenden gab man gern sogenannte Freitische, eine Sitte, die nicht wenig dazu beitrug, das Interesse für die Wissenschaft in den Familien wach zu erhalten, und dem Hausherrn Gelegenheit bot, manches in Tischgesprächen zu erfahren, was er aus Büchern nicht lernen konnte.
Die hervorragende Rolle, welche die talmudische Gelehrsamkeit im täglichen Leben der mittelalterlichen Juden spielte, erweist am deutlichsten die ebenso eigenartige

wie ausgedehnte Literatur der zahllosen sogenannten Responsenwerke, welche uns aus den verschiedensten Zeiten und fernsten Ländern erhalten sind. Es handelt sich hierbei um Sammlungen von gelehrten Bescheiden, in denen große Gelehrte auf schriftliche Anfragen antworteten. Wenn wir von dem inneren Werte absehen, den diese Bescheide für alle Gebiete des Religionsgesetzes haben, so muß uns doch schon der Umstand in Staunen setzen, daß man, um ein Gutachten von einer Autorität zu erlangen, auch die weitesten Entfernungen nicht scheute, und alle räumlichen Hindernisse zu beseitigen wußte. Es entwickelte sich ein lebhafter Verkehr zwischen den Juden der entlegensten Länder; es entstand ein gelehrter Briefwechsel vom Abend- zum Morgenland, von Spanien nach Bagdad, von Frankreich nach Böhmen, von der Provence nach Austerlitz, von Jerusalem nach Mainz, von Mainz nach Rom, von Rom nach Paris.

Sehr interessant ist es auch zu ermitteln, welche Wege man damals zur Beförderung solcher Schreiben wählte. Wo man nicht eine Handelsgelegenheit fand, wie zum Beispiel das von deutschen Juden lebhaft betriebene Weingeschäft oder die Messe von Troyes, wo zugleich, wie in späterer Zeit während der polnischen Messen, rabbinische Schiedsgerichte und Gemeindeversammlungen abgehalten wurden, scheute man sich nicht, einen besonderen Boten hierfür abzuordnen. R.Mosche ben Jizchak schreibt aus Wien: Ich habe an die Weisen in Paris die Anfrage gerichtet, R.Efrajim ben Jizchak aus Regensburg an R.Joel ben Jizchak ha-Lewi in Bonn: Miete einen Boten nach Frankreich, um Bescheid zu erhalten. Ein besonderer Bote wird zur Überbringung einer schriftlichen Anfrage bei R.Jißrael Isserlein, bei Jaakow Weil abgeordnet. Man wendet sich nach Italien, um eine Entscheidung herbeizuführen. Meisterlin will einen halben Dukaten geben und noch mehr, um ein Schriftstück wieder zu erlangen, das der gefangen zurückgehaltene Bote nicht abliefern konnte.

Wie hoch und heilig man die Aufgabe hielt, in religiösen Angelegenheiten Belehrung oder Entscheidung zu geben, dafür sei nur ein Beispiel angeführt, welches zugleich ein beredtes Zeugnis von einer seltenen Charaktergröße ablegt. R. Mosche Menz erstattet ein längeres Gutachten, an dessen Schlusse er sich entschuldigt, daß ihm die Bücher fehlen, um noch näher auf die Frage einzugehen. »Ich kann nicht länger dabei verweilen, die Sache ist sehr eilig, denn uns steht Gefangennehmung und Austreibung bevor. Schon ist die Frist verstrichen, welche uns der Erzbischof [von Bamberg] gewährt hat, und er will diese Frist auch nicht um einen Tag, nicht einmal um eine Stunde verlängern!« Welche Charaktergröße gibt sich in diesen Worten kund! Den Wanderstab schon in der Hand, genötigt, Haus und Hof zu verlassen und mit seiner Gemeinde ins Elend zu wandern, gewinnt dieser Rabbi noch die Kraft, eine an ihn gelangte Anfrage zu überdenken und sie zur Lösung zu führen. Besser als hier hat niemals sich jenes Psalmwort bewährt: »Wäre Deine Lehre nicht mein Ergötzen, ich hätte in meinem Elend den Untergang gefunden.«

Auch in den breiten Volksschichten empfand man gern die Wahrheit dieses Psalmspruches, wie überhaupt das ganze Psalmbuch ins Volk drang und ihm die Anleitung gab, Trost und Erhebung in den Zeiten der Not und Bedrängnis zu finden. Man betete nicht allein die Psalmen, welche einen Teil der täglichen Gebete ausmachen, man pflegte täglich noch mindestens fünf Psalmen der Reihe nach hinzuzufügen, indem man den ganzen Psalter in hundertfünfzig Kapitel, und zwar für die dreißig Tage des Monats, teilte. So oft Krankheit in einer Familie eintrat oder eine Leidenszeit über die Gesamtheit kam, versammelte man sich im Gotteshause und betete Psalmen.

Sie bildeten das Volksbuch, aus dem auch einzelne Stellen in das tägliche Leben und Gespräch eingingen, sozusagen als geflügelte Worte, welche bei passender Gelegenheit angewendet wurden. Von anderen biblischen Büchern – außer den im Gottesdienst verlesenen – war es noch das Hiobbuch, welches einigermaßen im Volke bekannt wurde. Denn es galt als Lektüre während der Trauerwoche. Daher ist die Erscheinung erklärlich, daß manchen Handschriften des Pentateuchs auch das Buch Hiob beigegeben ist. »Hiobs Leiden« waren sprichwörtlich geworden für große Leiden und Schmerzen.

Die Bekanntschaft mit dem Wochenabschnitt aus dem Pentateuch wurde bedeutungsreicher durch den beigegebenen Kommentar Raschis. Was in demselben an halachischen (religionsgesetzlichen) und haggadischen (erbaulich-theologischen) Elementen enthalten ist, wurde zum geistigen Eigentum des Volkes, in welchem mit und durch Raschi gebildete Laien erzogen wurden. Denn auch derjenige, welcher dem Gelehrtenstande nicht angehörte, gewann durch die Fähigkeit, Raschi zu lesen und zu verstehen, zugleich den Schlüssel, mit dem er sich eine große Literatur erschließen konnte, die sonst für ihn »versiegelt« geblieben wäre, und entging so dem schimpflichen Stand des Am ha-arez, des Ignoranten. Besonders einflußreich wurde ferner die innige Bekanntschaft mit den »Sprüchen der Väter« und verschiedenen Sittenschriften, die man regelmäßig las, mindestens am Sabbat. Man lernte die jüdische Moral und Ethik kennen und gewann die Anleitung, sie im Leben zu betätigen. Auch die schriftlichen Aufzeichnungen des letzten Willens großer Männer, in erster Reihe für den engen Kreis der Familie bestimmt, wurden in zahlreichen Abschriften verbreitet, die dann weiteren Kreisen zur Lektüre dienten.

Seit dem fünfzehnten Jahrhundert erhält der jüdische

Schriftenkreis durch die An- und Aufnahme des Deutschen eine wesentliche Erweiterung, die nach der Einführung der Buchdruckerkunst zu einer ganz besonderen Volksliteratur, der jüdisch-deutschen, sich entwickelt. Auch werden einzelne Bücher der Schrift übersetzt, Bibelglossare für die Erbauung des Herzens angelegt, moralische Schriften verfaßt und Sammlungen der Bräuche (Minhagim) hergestellt. Aber nicht allein dies, auch Bücher für die Unterhaltung und Belehrung treten ans Licht. Nicht minder ist hierbei auch die profan-belletristische Literatur wie die Dichtung vertreten, mit Benutzung von Materialien aus der deutschen Umgebung oder unter Anlehnung an dieselben.
Die Liebe zum Torastudium blieb also in allen Kreisen heimisch; wandten sich auch nicht alle den spezifisch gelehrten Studien zu, so gab es doch in der Heranbildung der Knaben zur Kenntnis des Hebräischen und des väterlichen Glaubens zwischen reich und arm keinen Unterschied. »Meine Söhne und Töchter«, so heißt es in einem Testament aus dem vierzehnten Jahrhundert, »sollen womöglich in jüdischen Gemeinden wohnen, damit ihre Kinder jüdisches Leben kennenlernen und ihre Söhne, wie auch ihre Töchter, im göttlichen Gesetze unterrichtet werden können; sollten sie auch betteln müssen, um ihre Kinder durch religiösen Unterricht erziehen zu können und sie nicht an Müßiggang gewöhnen!«
Auch die Frauen sollten verpflichtet sein, die Vorlesung aus der Tora mitanzuhören, daher auch Mädchen schon im zarten Alter von den Müttern nach dem Gotteshause zur Übung mitgenommen wurden. (Allerdings störten die kleinen Kinder oft die Andacht.) Sie lernten ebenfalls hebräisch lesen, viele selbst den Pentateuch übersetzen und außer der Übung der jüdischen Pflichten, zu der alle von frühester Jugend an angehalten wur-

den, strebte man danach, ihnen auch eine theoretische Kenntnis vorzüglich der mit dem jüdischen Hauswesen in Verbindung stehenden religiösen Vorschriften beizubringen. Viele hatten darin eine so weitgehende Kenntnis sich erworben, daß sie von berühmten Gesetzeslehrern in zweifelhaften Fällen befragt wurden. Channa, die Tochter des R. Jaakow Tam, und Bellet, die Schwester des R. Jizchak ben Menachem, unterrichteten die Frauen ihres Ortes in der vorschriftsmäßigen Ausübung gewisser religiöser Vorschriften. Die Frau des R. Jehuda Sirléon in Paris spann nach Anweisung ihres Gatten die Schaufäden, wie dies in Deutschland die Frauen überhaupt zu tun pflegten. R. Elieser ben Joel ha-Lewi beruft sich in betreff eines religiösen Brauches auf seine Tante, die Frau des R. Schmuel ben Natronaj. R. Schmuel aus Falaise erhärtet einen Ausspruch mit dem Zeugnisse seiner Schwiegermutter, und Chajjim, der Sohn des R. Jizchak aus Wien, beruft sich auf seine eigene Frau. Alwina, eine Enkelin Raschis, die Tochter des R. Jehuda ben Natan, belehrte den Jizchak ben Schmuel, wie sie für gewisse religiöse Fragen den Brauch ihres großväterlichen Hauses festhalte, den sie von ihrer Mutter Mirjam, der Tochter Raschis, erfahren. Die Töchter des R. Awraham aus Orléans vereinigten sich wie die Männer zum gemeinsamen Tischgebet. Der Vorbeter Joſsef Treves beruft sich auf seine Mutter, welche die Tochter des R. Baruch war. Mirjam, die Tochter Schlomo Spiras, Gattin des Jochanan Lurja, trug mehrere Jahre hindurch, hinter einem Gitter sitzend, der studierenden Jugend den Talmud vor. Eine Handschrift des kurzen »Mordechaj« von Schmuel Schlettstadt (in der Nationalbibliothek zu Paris) ist von Frommet aus Ahrweiler für ihren Mann Schmuel ben Mosche am 7. November 1454 beendet worden. In Worms kennen wir eine Vorbeterin Urania, welche 1275 starb. Auch in Nürnberg wird eine Vor-

beterin der Frauen genannt: Frau Richenza, die am 1. August 1298 als Märtyrerin ihr Leben aushauchte.
Im übrigen wurde hauptsächlich darauf hingezielt, die Mädchen für das Haus heranzubilden. So empfiehlt jener Vater aus der Mitte des vierzehnten Jahrhunderts in seinem bereits angeführten Testament, daß die Töchter stets im Hause ihre wahre Welt finden, daß sie nicht auslaufen oder, an der Tür des Hauses stehend, jeden Vorübergehenden neugierig mit den Blicken verfolgen mögen. »Es ist meine Bitte, ja mein Befehl, daß die Frauen nicht müßig ohne Beschäftigung sitzen mögen; denn Müßiggang führt zu Lastern. Sie mögen spinnen, nähen oder kochen.« Ein altes Sittenbuch, »Brantspiegel« betitelt, empfiehlt den jüdischen Frauen, Nähnadeln und Zwirn immer im Hause vorrätig zu halten, damit, wenn vor Eintritt des Sabbats am Gewande noch etwas auszubessern sei, es zeitig und ohne Säumen geschehen könnte. Charakteristisch ist es, daß auf dem Vorderblatt mancher alter Bücher bei den verzeichneten Geburtstagen der Knaben der Wunsch folgt: »Gott gebe, daß ich ihn großziehe zu Tora, Ehe und guten Taten«, bei den Geburtstagen der Mädchen aber der Wunsch ausgedrückt ist: »Gott gebe, daß ich sie großziehe zu Nähen, Spinnen, Stricken – und zu frommen Taten«. Wir lesen auch wirklich von jüdischen Weberinnen, Stickerinnen, Putzmacherinnen, die nicht selten von der christlichen Damenwelt für ihre Toilette in Anspruch genommen wurden. R. Ahron ha-Kohen aus Lunel gestattete den jüdischen Kunststickerinnen, auch Kreuze in die seidenen Gewänder der christlichen Damen zu sticken, da sie in solcher Form nur zur Zier, nicht aber zur religiösen Verehrung dienten. Aber nicht minder wurden die jüdischen weiblichen Bankiers aufgesucht, welche oft an der Spitze bedeutender Handelshäuser standen. Jüdische Frauen hausierten auch in Dörfern und besuch-

ten Marktplätze, doch hielten sich die Mädchen hiervon zurück. Zwar klingt es noch immer wie eine Reminiszenz aus der Zeit des Minnedienstes, wenn berichtet wird, wie auch jüdische Frauen in der Gefangenschaft von den christlichen Rittern mit besonderer Rücksicht behandelt werden; im allgemeinen aber hatten die jüdischen Frauen gar viel unter der Sittenlosigkeit der Zeit zu leiden. Eine besondere Abgabe leisteten die Juden beim Einzuge des Fürsten in eine Stadt, dafür, daß die mit ihm einziehenden rohen Söldner zurückgehalten wurden, den Frauen die Hüte vom Kopfe zu reißen. Es galt ja als allgemeine Regel, lieber in ein Kloster zu flüchten als den nachstellenden Barbaren in die Hände zu fallen. Man erfährt auch oft von Beispielen heldenmütigen Widerstandes, so z. B. in Frankfurt am Main, wo in den Mordszenen des Jahres 1241 eine Braut mit ihren Schwestern fest und standhaft bleiben, bis ihnen endlich die Flucht gelingt. Unter den Verfolgten in Rockenhausen im Jahre 1283 befanden sich auch einige Frauen, die wohl gezwungen waren, dem christlichen Gottesdienste beizuwohnen, die aber nicht verdächtigt werden konnten, ihren Übertritt erklärt oder ihre eheliche Treue gebrochen zu haben. Daher erlaubte ihnen R.Meïr von Rothenburg später ohne weiteres, zu ihren Ehemännern wieder zurückzukehren. Auch nach den traurigen Vorgängen zu Wien im Jahre 1421 konnte den allen Versuchungen zur Untreue widerstehenden Frauen nach ihrer Befreiung aus der Haft die Rückkehr zu ihren Männern ohne weiteres gestattet werden. Hören wir auch aus dem Jahre 1271 von einem entgegengesetzten Beispiel, daß nämlich einer jüdischen Frau, während ihr Gatte in die Ferne wandert, um den Lebensunterhalt zu gewinnen, sträflicher Umgang mit Christen nachgewiesen wird, so war dies doch etwas so Unerhörtes, daß der Vater der Ehebrecherin sich mit den Gelehrten beriet, ob er nicht seine Tochter umbringen dürfte, was ihm aber nicht gestattet wurde. In einer Zeit, in der, mit Weinhold[1] zu sprechen, »die eheliche Treue ein Spott ward, listiger Ehebruch und frevelhafte Unzucht in unzähligen kleinen Gedichten gepriesen und belacht wurden, die Tracht gemein ward und schamlose Gestalten zum Schmuck der Tafel dienten«, in solchen Zeiten kann es nur zum hohen Verdienst angerechnet werden, wenn die geistigen Führer der jüdischen Gemeinden in ihrer Sorge für Sitte und Lebensheiligkeit mit aller Strenge darauf hielten, dem Umgang mit dem anderen Geschlechte einen Charakter zu verleihen, dem unsere heutige Sitte fast entfremdet ist, der aber darauf hinzielte, die Reinheit der Sitten zu bewahren und die Keuschheit im ehelichen Leben, von jeher eine Tugend des jüdischen Stammes, festzuhalten. Beide Geschlechter waren überall streng voneinander getrennt; selbst die auf der Straße spielende Jugend. Ängstlich wurde jede noch so ferne Gelegenheit gemieden, welche irgendwie die Leidenschaft erwecken und zur Verletzung der Sittlichkeit führen konnte. Das Tanzen von Jünglingen mit Mädchen wurde stets mißbilligt, oft verboten, selbst bei einer Hochzeitsfeier nicht gestattet, indem man auf solches Tun den Vers (Sprüche 11 21) anwandte: »Hand mit Hand bleibt nicht rein.«

[1] Die deutschen Frauen in dem Mittelalter, Wien 1897 I, S. 399.

BEI ALLER SITTENSTRENGE DÜRFEN WIR UNS DAS Leben der mittelalterlichen Juden doch nicht freudlos vorstellen. Selbst in den Zeiten trübsten Elends und schmerzlichster Bedrückung blieb mit Studium und Synagoge, besonders aber mit den Sabbaten und Festen eine eigentümliche, leuchtende Freudigkeit verbunden.

Zur Erhöhung des Lebensgenusses trug das Behagen am wohnlichen Raume bei, das sich sonst erst mit dem seit dem fünfzehnten Jahrhundert wachsenden Diesseitsgefühl geltend machte, bei den Juden aber zu allen Zeiten herrschte, was bei ihrem innigen Familienleben und ihrer vielfach geistigen Beschäftigung leicht erklärlich ist. Man unterschied zwei Wohnräume, zu deren Seiten sich Bänke hinzogen, nämlich das heizbare Winterhaus, welches nicht selten Wohn-, Speise- und Schlafstube in sich vereinigte, und das Sommerhaus, auch Vorhaus genannt, wo man im Sommer speiste und studierte; es war dies aus den weitvorspringenden Erkern gebildet, mit welchen man die Häuser versah. R. Meïr von Rothenburg hat uns in einem Bescheide (Resp. ed. Cremona no. 108) eine nähere Mitteilung über das von ihm bewohnte Haus hinterlassen: »Wir können sicher sein, daß jedes Haus, welches die Mesusa-Inschrift an allen Pfosten trägt, wohlverwahrt vor allen Beschädigungen bleibt. In meinem Hause habe ich nahe an vierundzwanzig Mesusot angebracht; am Lehrhaus, am Winterhaus, am Hauseingang, am Torweg, der nach der Straße zu sich öffnet, an der Tür, die nach dem Hofe führt, am gewölbten Oberstock, wo ich im Sommer speise, und außerdem am Zimmer eines jeden meiner Schüler.«

Die Fenster der Wohnräume wurden mit dünnem Papier verklebt. Sanduhren und Uhren mit Gewichten werden im fünfzehnten Jahrhundert erwähnt, vorzüglich zur Feststellung der Unterrichtsstunden. Die wohnlichen Räume schmückte man zu Ehren des Sabbats mit Baumzweigen; am Wochenfeste, also zur Zeit der bereits im Blumenschmuck prangenden Natur, bestreute man auch den Estrich des Gotteshauses mit angenehm duftenden Pflanzen und Rosen. Ebenso entwickelte man einen besonderen Eifer im Ausschmücken der Laubhütte mit farbigen Vorhängen, Blumen und Laubgewinden. Es ist überhaupt das Wohlgefallen an Pflanzenkultur bei unsern Altvordern hervorzuheben, wie auch oft um das Gotteshaus herum ein Gärtchen sich zog.

Gemalte Zimmer sind nachweisbar, nicht aber Bildnisdarstellungen als Zimmerschmuck, wiewohl der Gebrauch, die Wände mit historischen Bildern, wie z. B. mit Wiedergaben der Opferung Isaaks oder des Kampfes mit dem Riesen Goliat, zu bemalen, in jüdischen Quellen erwähnt wird. Während seit dem sechzehnten Jahrhundert in Deutschland die Bildnismalerei zu einem selbständigen Kunstzweige sich entfaltet und gegen Ende desselben Jahrhunderts die Ausstattung der Wohnräume durch Bildnisse allgemeinere Verbreitung findet, mußte noch gegen Ende des siebzehnten Jahrhunderts von rabbinischer Seite erklärt werden, daß kein religiöses Bedenken vorliege, sich malen zu lassen und das Porträt als Zimmerschmuck zu verwenden.

In den Räumen herrschte die größte Reinlichkeit, die schon von der nach strengen religiösen Vorschriften geordneten Lebensweise gefordert wird. Die radikale Säuberung der ganzen Wohnung und aller Hausgeräte, welche in jedem Jahre vor Eintritt des Peßachfestes von religionsgesetzlicher Seite verlangt wird, hat auf die hygienischen Verhältnisse einen sehr heilsamen Einfluß geübt. Man hielt übrigens Reinlichkeit für das beste Mittel, Krankheiten fernzuhalten, wie in der Tat zur Zeit herrschender Epidemien vielfach eine geringere Sterblichkeit unter den Juden festgestellt und dadurch der Verdacht der Brunnenvergiftung gegen sie hervorgerufen wurde. Vorzüglich war man am Freitag geschäftig, um zu Ehren des Sabbat alles fein säuberlich herzurichten. Mit dem Eintritt des Freitagabends wandelte sich auch die ärmlichste Hütte in einen Palast voll Seligkeit und Wonne. »Steigt die Sabbatlamp herab, wendet Not und Sorg sich ab«, galt als Trostspruch in den trüben und sorgenvollen Werktagen. Die von der Decke des Zimmers über der Mitte des Tisches herabhängende achtzackige Lampe wurde nämlich vor Eintritt des Sabbats herabgelassen und nach Sabbatausgang wieder hinaufgezogen, und das altjüdische Sprichwort, welches sich hiervon gebildet hat, ist bezeichnend: »Lamp herunter, Sorg hinauf!« Der Ärmste noch war bemüht, den Sabbat auch äußerlich zu schmücken und auszuzeichnen. Dazu gehörten die drei Hauptmahlzeiten des Tages, nämlich am Freitagabend, am Sonnabend zu Mittag und die »Dritte Mahlzeit« vor Abend, wenn diese nicht, wie es besonders im Winter geschah, unmittelbar nach der zweiten Mahlzeit als Nachtisch folgte. Nach beendigtem Gottesdienste am Tage stattete man Kranken oder Trauernden Besuche ab. Am Nachmittage pflegte man einen Spaziergang zu machen, gewöhnlich ans Wasser, wo man gern dem Spiel der Fische zusah, denen man Krümchen zuwarf, wobei man sich gar sehr freuen konnte, wenn die Fische an die Oberfläche kamen, um die Brosamen zu erhaschen. Daß hiermit die spätere Entstehung des erst von Maharil (etwa 1355 bis 1427) erwähnten Brauchs, am Neujahrstage ans Wasser zu gehen, in Verbindung stehe, läßt sich vermuten. Auch Isserlein (etwa 1390 bis 1460) erzählt, daß er als Rabbiner mit den Vertretern der Gemeinde am Freitagabend den Spaziergang an den Ufern der Donau machte. Man versammelte sich auch gern, um im traulichen Kreise, häufig auf Bauhölzern lagernd, sich Neuigkeiten von den Potentaten und deren blutigem Handwerk zu erzählen. Las man doch auch gern Kriegshistorien und nahm Partei für diesen oder jenen Machthaber. Einen wesentlichen Bestandteil der Volkslektüre aber bildeten Sittenschriften und die Testamente großer Männer, welche einen nicht zu unterschätzenden Einfluß auf den sittlichen Zustand der Juden übten.

Die Weihe des geheiligten Tages verbreitet einen Segen, der nicht allein in dem äußeren Wohlbehagen, sondern auch in dem erhöhten inneren Seelenleben *(Neschama jetera)* zur Geltung kommt. Mit dem Einbruch des Abends, da drei Sterne mittlerer Größe am Firmamente sichtbar werden, ist der Sabbattag mit seiner Heilskraft gewichen – und das Alltagsleben einer neuen Woche, mit allen ihren Lasten und Sorgen, beginnt wieder. Man verläßt das Gotteshaus, indem einer dem andern »gut Woch« wünscht, und heimkehrend, beginnt man schon auf der Straße die Elijahu-Lieder allgemein zu singen, aus denen Trost und Hoffnung für die Zukunft des Einzelnen wie der Gesamtheit geschöpft werden. Diese Lieder, in denen der Prophet Elijahu als der Vorläufer des Messias besungen wird, sind schon frühzeitig bekannt. Auch bei den deutschen und slawischen Juden finden wir derartige Gesänge bereits im zwölften Jahrhundert. Eins dieser herrlichen Lieder, welches vielleicht von dem Spanier Awraham Ibn Esra herrührt und im deutschen Ritus für den Sabbatausgang bekannt ist, möge hier nach der Übersetzung Seligmann Hellers[1] eine Stelle finden:

An des Sabbats Ende, / An des Heil'gen Wende,
Den im Linnen sende, / Der Messias heißt.

Deinen Segen bringe, / Herr! in alle Dinge,
Wenn in gleichem Ringe / Stets die Woche kreist.

[1] S. Heller, Die echten hebräischen Melodieen, 1893, S. 111.

Der du Rat zu finden, / Not zu überwinden,
Die nach allen Winden / Fliehn, zu einen weißt.

Schönster Fleck der Erde! / Nimm du auf die Herde,
Daß nach viel Beschwerde / Glück uns wieder gleißt.

Herr! in Höhlen jage / Drachen, unsre Plage!
Deine Kraft zerschlage / Jeden bösen Geist.

Führ uns deine Pfade, / Grimm auf sie entlade!
Daß als Quell der Gnade / Alle Welt dich preist.

Deine Lilie blühe! / Glanz, wie einst, versprühe!
Weihrauchdampf erglühe, / Der nach oben weist.

Alter Zeit gedenke, / Unsre Schritte lenke,
Und Erlösung schenke, / Die so lang verwaist.

Ja, mein Heil muß tagen, / Hoch der Tempel ragen!
Kannst es nicht versagen, / Daß du mich befreist!

DIE JÜDISCHE TAFEL UND DIE DAZUGEHÖRIGE SPEISEkarte zeigen viele Verschiedenheiten gegenüber der nichtjüdischen Umgebung, welche aber zum großen Teil auf religionsgesetzliche Vorschriften zurückzuführen sind. Schon die strenge Scheidung von Fleisch- und Milchspeisen fordert die Führung eines zweifachen Haushalts. Für Speisen, welche weder der einen noch der anderen Gattung angehören, hat sich eine doppelte Bezeichnung eingebürgert, deren sprachliche Herleitung noch immer nicht geglückt ist. Im Osten Deutschlands gebraucht man hierfür das Wort *parve,* im Westen *minnig.* Gelegentlich seien einige andere Differenzen erwähnt, die auf einer Verschiedenheit im lokalen Brauch beruhen. So waren gewisse Fetteile am Tierbauche in manchen Ländern und Gemeinden zum Genuß verboten, in anderen erlaubt. Am Rhein trug man Bedenken, *Kumpost* (Sauerkraut) von nichtjüdischer Zubereitung zu genießen. In Österreich hielten sich die Frommen wenigstens während der Bußtage hiervon zurück. Ebenso verschiedene Meinungen herrschten über den Genuß von Tauchenten, Auerhahn und Trappgans. In Österreich aß man an solchen Tagen, an denen wegen festlichen Charakters das Bußgebet nicht verrichtet wird, kein Erbsengericht, da dieses als Speise während der Trauerwoche wegen eines Toten galt.

Verschiedene Einzelheiten im jüdischen Haushalte werden in den Quellen mit französischen Bezeichnungen angeführt, ähnlich wie heute noch das Menü einer festlichen Tafel in dieser Sprache gedruckt erscheint. So benannte man das erste Mahl, welches man am Sonnabend nach beendigtem Gottesdienste einnahm, mit *sur table* und die im Ofen des Winterhauses hierfür aufbewahrten Speisen mit einem Ausdruck, dessen französischer Ursprung nicht zu verkennen ist. Das im Volksmunde so berühmte, von Heinrich Heine dichterisch besungene Schalet oder Schalent ist nämlich, so verschieden es auch in der Schreibung erscheint, auf da sursprüngliche *schalt* = chald, welche dem heutigen chaud entspricht, zurückzuführen, und somit der Bedeutung nach mit der hebräischen Bezeichnung *chammin* = Gewärmtes in Einklang zu bringen. Auch das zweite Sabbatmahl, das am Nachmittage eingenommen wurde, wird mit einem fremden Ausdruck *merendar* bezeichnet, der die *hora*, die dritte Stunde des Nachmittags im Kloster bedeutet. Dieses Mahl bestand aus Fischen oder Geflügel, auch aus Pasteten und Früchten. Am Rhein aß man hart gekochte Eier mit Petersilie und Essig. Im Winter pflegte man diese zweite Tagesmahlzeit als Nachtisch bald auf die erste folgen zu lassen. Am Freitag zu Abend speiste man gewöhnlich Pasteten und Fische mit der im Mittelalter sehr beliebten Pfeffer- oder Gewürzbrühe. Die Pasteten mit ihrer Fleischfüllung sollten das einstige Manna veranschaulichen, wie es zwischen der oberen und der unteren Tauschicht dalag. R.Schlomo Lurja (1510 bis 1573) eiferte gegen das Fischessen am Freitagabend, weil dadurch die Mahlzeit am Sabbattage selbst und dessen Würde beeinträchtigt würden. Er schließt seine Mahnung mit den Worten: »Von jeher habe ich mich davor gehütet, Fische am Freitagabend zu essen. Ein so vorzügliches Mahl nehme ich nur am Tage ein, und wenn auch am Abend vorher die köstlichsten Speisen aufgetragen werden, so kommen sie doch der Mahlzeit am Tage, bei der die Fische als vorzüglicher Genuß gelten, nicht gleich.«

Besonders reichhaltig ist das Backwerk in der jüdischen Speisekarte vertreten, und auch hier ist die französische Benennung der einzelnen Gebäcke fast vorherrschend. Allerdings erscheinen die betreffenden Ausdrücke in den Abschriften deutsch sprechender Schreiber in korrumpierter Form. Auf die beiden Weißbrote am Sabbat und Festtag bezieht sich vielleicht der Ausdruck »Juden-

semel« in der Bäckerordnung von Regensburg. Die Bretzel, welche bei einer Beschneidungsfeier an die Mitglieder der Gemeinde verteilt wurden, gestattete einmal R. Joel ha-Lewi am Festtage selbst zu backen, weil dieses Backwerk am ersten Mittelfeiertage bei einer solchen Feier erforderlich war, aber, da er auf einen christlichen Festtag fiel, nicht gebacken werden durfte und man es nicht entbehren wollte. An ein ähnliches Hindernis für das Backen knüpft sich eine geschichtliche Notiz. Die Stadt Oppenheim wurde im Jahre 1460 von dem feindlichen Heere des Bischofs von Mainz belagert. Die Bürgerschaft hielt ängstlich Wache, damit im Innern keine Feuersbrunst entstehe. Es durfte von einer bestimmten Zeit an kein Backofen geheizt werden; daher auch die Juden verhindert wurden, nach Sabbatausgang, mit dem das Peßachfest eintrat, die für den betreffenden Abend erforderlichen Mazzot herzustellen. Daher gestattete Salman Kitzingen, schon am Freitag vorher die für die beiden Abende erforderlichen Mazzot zu backen.
Was bei anderen Völkern häufig vorkam, daß gewisse Backwerke auf religiöse Bräuche zu bestimmten Zeiten des Jahres hinwiesen, fehlte auch bei den Juden nicht. So zum Beispiel schildert Jusfa Hahn, wie man am Wochenfeste einen großen Fladen mit Füllung buk, der den Namen Sinai erhielt und auf der Decke die Zeichen einer siebenstufigen Leiter trug, um einen hierauf bezüglichen haggadischen Ausspruch zu illustrieren. Auch diente, wie anderswo, als ein gutes Anzeichen oder Anwünschen der Genuß bestimmter Speisen an gewissen Tagen. Schon in talmudischer Zeit wurde für den Neujahrstag Verschiedenes empfohlen, an dessen Namen man bei dem Genusse einen entsprechenden Wunsch anknüpfen kann: so für den Abend des Neujahrsfestes Honig mit dem Wunsche, daß wir ein süßes Jahr haben mögen. Später hat man solche Anklänge auch außerhalb der hebräischen

Sprache in der Landessprache gesucht, zum Beispiel am Neujahrsabend Möhren (Mohrrüben) gegessen und dabei gewünscht, daß unsere Tugenden sich *mehren* mögen. Isserlein hielt darauf, daß am Neujahr Barben auf den Tisch kamen, weil ihr Name an *Erbarmen* erinnere (Barbe heißt nämlich im Mittelhochdeutschen auch Barm).

Was die Kleidung betrifft, so ergeben sich zwar manche Verschiedenheiten in dem Anzug der Juden gegen den der Christen, doch berechtigen diese Abweichungen durchaus nicht, die Existenz einer spezifisch-jüdischen Tracht anzunehmen. Die Juden, und besonders die Frauen, nahmen vielmehr zum Teil regen Anteil an der Zeitmode und entfalteten darin häufig sogar einen Aufwand, gegen den die jüdischen Moralprediger und die Strafen polizeilicher Verordnungen sich wenden mußten. Wir nehmen davon Abstand, auf die Verschiedenheit der Kleidung einzugehen, welche die Christen selbst von den Juden forderten, indem sie in gewissen Zeiten und Gegenden mit Strenge darauf hielten, daß die Juden an ihrer Kleidung besondere Abzeichen trügen. In jüdischen Quellen wird der Judenzeichen selten gedacht. Der Verfasser des *Or sarua* (13. Jhdt.) erwähnt Judenhüte und Radzeichen, welche die Juden in Frankreich zu seiner Zeit an den Kleidern tragen mußten. Auch bei Schmuel de Medina (16. Jhdt.) ist von den Judenhüten, die man damals tragen mußte, die Rede. Die Differenzen dagegen, zu welchen man jüdischerseits selbst sich veranlaßt sah, lassen sich auf folgende Punkte zurückführen:

1) Die in der Schrift (4. M. 15 38) erteilte Vorschrift, an ein Gewand mit vier Ecken Schaufäden anzubringen, veranlaßte häufig eine Abweichung von der, übrigens auch bei den Christen sehr oft wechselnden Mode in betreff des Schnittes der Kleidungsstücke.

2) Durch das religiöse Gesetz (3. M. 19 19) war die Mischung von Wolle und Leinen verboten, daher auch jedes Gewand, in dem die Ärmel aus Wolle, die übrigen Teile aber aus Leinen bestanden, wenn sie durch eine Naht miteinander befestigt, nicht bloß durch Knäufe lose verbunden waren.

3) Der jüdischen Anschauung durchaus zuwider war die im Mittelalter so sehr beliebte Halbteilung, das sogenannte *mi-parti,* in der Weise, daß man in der Form und Farbe des Gewandes die einzelnen Teile auf das Vielfältigste wechselte. Die Kleider wurden der Länge nach, zuweilen auch der Breite nach mitten geteilt; manchmal ward die eine Seite wieder gehälftet, und zwar quer in der Mitte; seltener geschah es, daß auch die andere aus zwei Stücken bestand und das ganze Kleid also in vier Teilen, gleich einem quadrierten Wappen, erschien. Bei der Querteilung finden sich auch drei Farben; die Streifen sind dann zuweilen schräg gelegt. In den Quellen wird diese Halbteilung *streicheht* und *streichechte* genannt, das heißt soviel als *streifig.*

4) Die besonders durch die Halbteilung erzeugten bunten, wie überhaupt alle schreienden, grellen Farben waren bei den Juden verpönt. Man betrachtete sie als eine Anreizung zur Verletzung der Sittlichkeit und empfahl daher das Tragen dunkler, schwarzer Stoffe. Als König Alfons den spanischen Juden Luxus in Kleidern vorwirft, antworten sie ihm: »Wir stehen vor dir in schwarzen Gewändern.« Von den deutschen Juden erzählt der Anonymus Leobiensis (bei Pertz Mon. Germ. I. 948), daß Juden und Bauern die *caputia* (dunkle Kleider) getragen haben. Sächsische Rechtsquellen befehlen ihnen, beim Schwur »einen grawen Rock« zu tragen; in den eigenen Kleiderordnungen gebieten es die Juden überall. Der Herausgeber einer solchen in den Historischen Nachrichten von der Judengemeinde in der Hofmark Fürth sagt: »Heutzu-

tage ist die schwarze Farb unter dem jüdischen Volk am meisten beliebt.« Im Orient dagegen scheint man mehr der Landessitte gemäß auch farbige Kleider getragen zu haben, wie aus dem Sendschreiben des Jizchak Zarfati an die Juden in Deutschland über die Vorzüge der türkischen Länder und der muhammedanischen Regierung hervorgeht.

5) Die in gewissen Zeiten des Mittelalters herrschende Unsitte, die Ärmel mit vielen bis zur Erde reichenden Lappen oder bandförmigen Anhängseln, Zaddeln genannt, zu versehen, war bei den Juden nicht beliebt.

Diese Differenzen riefen bei Christen die Annahme hervor, daß die Juden eine spezifisch-jüdische Kleidung besäßen und nach religiösem Gesetze von derselben nicht abweichen dürften, was den Juden allerdings in Zeiten der Gefahr zugute kam, indem sie dann der Verkleidung sich bedienten, um nicht als Juden erkannt zu werden. So schreibt der Verfasser des Buches *Agudda* (14. Jhdt.): Ich habe bei meinen Lehrern gesehen, daß sie die streifigen Gewänder in Zeiten der Gefahr zu tragen gestatteten, um nicht als Jude erkannt zu werden; damit sei eine Entweihung des göttlichen Namens nicht verbunden. Allerdings wird vorausgesetzt, daß in solchen Gewändern keine Mischung von Wolle und Leinen vorhanden sei, und daß sie nur zur Zeit der Gefahr getragen werden. Auch im kleinen *Taschbez* (13. Jhdt.) wird bemerkt, daß die Juden ein solches Kleid auf der Reise zu tragen versuchten, um nicht als Juden erkannt zu werden. So schreibt auch Jißrael Isserlein, daß die Christen in den deutschen Ländern glauben, es sei den Juden ebenso streng wie das von der Schrift untersagte Tragen von Wolle und Leinen auch verboten, zwei- oder dreifarbige Kleider oder solche mit Zaddeln und Lappen am Saume anzulegen.

Abgesehen von diesen Ausnahmen kleideten sich die Juden ganz nach der Weise der Christen. Sie trugen ebenfalls Kursen, das heißt Pelzmieder mit engen Ärmeln und kostbar gesticktem Seiden- oder Wollenüberzug, darüber das *Surkot*, ein Festoberkleid mit einem Kopfloch und weiten Ärmeln, an den Seiten von unten aufgeschlitzt und dafür mit Knäufen versehen. Im vierzehnten und fünfzehnten Jahrhundert wird vorzüglich der Gugeln Erwähnung getan, in den jüdischen Quellen mit *Kappa* bezeichnet; es waren dies weite Übergewänder mit Ärmeln, welche die ganze Gestalt von Kopf bis Fuß verhüllten. Für den Kopf war ein besonderer Teil, nach Art unserer Kapuzen, bestimmt, der auch zurückgeschlagen werden konnte, in den jüdischen Quellen *Mitron* (Mitra) genannt. An Sabbat- und Festtagen wie auch am Purim wechselte man Kappa und Mitra. Man trug auch die Tapperte, einen rund geschnittenen langen Überwurf, von dem hinten ein langer Streifen auf die Erde fiel. Unter der Tapperte hatten manche einen kleinen Mantel, den man Reisemantel nannte; die Gelehrten trugen unter der Tapperte das kleine Tallit mit den Schaufäden. R. Jißrael Isserlein trug einen Obermantel, der an der Halsweite voller Krausen, mit mehreren nach unten zu sich erweiternden und nach oben hin sich verengenden *Geren* (keilförmigen Zeugstücken) versehen war, fast einem Frauenmantel gleich, der zur rechten Seite aufgeschlitzt, oben aber durch Schleifen an der einen und durch Knäufe an der anderen Seite zusammengehalten wurde. Solche Mäntel trugen in Österreich nur die Greise, besonders die Gelehrten, während die Mäntel in italienischen Gegenden, zum Beispiel in Treviso und Mestre, von dieser Form abwichen und mit der dortigen Landessitte überein gingen.

In betreff des weiblichen Anzuges seien zuerst die *Kursen* erwähnt. Das ist ein ziemlich weiter, mit Pelzwerk gefütterter und mit Seide überzogener Überwurf, bei dem die Ärmel eng anlagen. Der Überzug war gewöhnlich ebenso kostbar gestickt wie das Pelzwerk wertvoll. Sie trugen die Frauen am Neumondstag und am Freitag zur Abendzeit, wo sie die Braut Sabbat feierlichst erwarteten. Auch die Bräute waren damit bekleidet, wenn sie zur Trauungsfeier in den Vorhof der Synagoge geführt wurden. Am Sabbat legten die Frauen die Kursen nur an, wenn sie eines Trauerfalls wegen den sabbatlichen Anzug mit dem der Werktage vertauschen mußten. An diesen Tagen trugen sie den gewöhnlichen Mantel, der sich von dem der Männer wenig unterschied, nur weiter und länger war und oben am Halssaume durch einen Fürspan oder Nuschke (*nusca* im Althochdeutschen) zusammengehalten wurde. Es war dies eine Vorstecknadel, zuweilen auch ein großer, verzierter Ring, hinter welchem eine Nadel befestigt war. Den heutigen Broschen gleich, dienten solche Haftnadeln zuweilen auch als Schmuckstück; häufig waren sie so eingerichtet, daß man sie vermittels eines kleinen, aus Gold und Silber gefertigten Schlüssels öffnete. Die vornehmen jüdischen Damen in den Rheingegenden pflegten einen solchen Schlüssel an einer vom Halse auf die Brust herabhängenden Kette von Gold oder Silber zugleich als Zierat zu tragen. Die Mode, welche wahrscheinlich auch in der christlichen Damenwelt Nachahmung fand, war aus einer Verlegenheit hervorgegangen; da die jüdischen Frauen nach einer religionsgesetzlichen Vorschrift die Schlüssel, mit denen sie ihre Behältnisse im Hause verschlossen hielten, bei ihren Spaziergängen ins Freie nicht mittragen durften, im Hause selbst aber die Schlüssel vor den Augen des Gesindes nicht frei umherliegen lassen wollten, ließen sie ein verschließbares Kästchen zur Aufbewahrung der Schlüssel anfertigen, den dazugehörigen Schlüssel aber, aus Gold oder Silber an der Kette aus gleichem Metall, trugen sie nunmehr als Hals- oder Brustschmuck. Man sah überhaupt den Frauen nach, wenn sie am Sabbat mit gewissen Schmucksachen auch außerhalb der eigentlichen Sabbatgrenze ausgingen. Aus dem Verzeichnis der durch den Breslauer Magistrat vom 5. bis 7. Mai 1453 in sieben jüdischen Häusern konfiszierten Gegenstände erfahren wir von manchem Luxus der damaligen Damen. Außer von roten Häubchen und Anhängseln, einer goldenen Kette und noch anderen mit Samt und Gold durchwirkten Kopfbinden hören wir von korallenen Halsketten – man trug sie als Schutzmittel gegen den bösen Blick –, von einem Gürtel mit zwanzig silbernen, vergoldeten Schnallen auf seidenem Gewebe von verschiedenen Farben, einer Halskette von gelbem Bernstein, drei Perlketten mit Schmuckgegenständen. Zugleich Verhüllung und Schmückung des Hauptes war das Kopftuch oder der Schleier. Arme Frauen trugen Regentücher von grobem Zeug über dem Kopftuch. Auch *Härsenir*, das heißt Kettelhauben, trugen die jüdischen Frauen, um das volle Haar zusammenzuhalten.

Die Mädchen in der Rheingegend bedienten sich einer Scheitelnadel, die sie in das Haar über der Stirne steckten. Das Haarflechten der Mädchen wird bei Gelegenheit der Hochzeit erwähnt, für welche das Haarflechten der Braut ein sehr wichtiger Akt war. Während des Haarflechtens, bei dem alle zur Hochzeit geladenen Frauen zugegen waren – in Mainz geschah dies im Vorhofe der Synagoge, während der Rezitation der Psalmen im Frühgebete –, wurde ein langes Lied mit wehmütiger Melodie gesungen, das die Ermahnungen zur Erfüllung aller Pflichten einer Hausfrau enthielt, unter denen die Mildtätigkeit gegen Arme besonders hervorgehoben war. Dabei weinten die Frauen, und die Braut am meisten.

Endlich sei des Festgewands gedacht, das bei gewissen Gelegenheiten noch heute angelegt wird; bei den westdeutschen Juden führt es den Namen *Sargenes*, bei den ostdeutschen heißt es *Kittel*. Dieses Gewand wird uns aus nichtjüdischen Kreisen näher beschrieben: »Als weites ungegürtetes Oberkleid ist für die alte Zeit der Kittel zu erklären. Das Wort kommt samt der Sache nicht vor dem Ausgang des dreizehnten Jahrhunderts vor. Es werden seidene und mit Bildwerk gestickte oder gewirkte Kittel erwähnt. Im fünfzehnten Jahrhundert scheinen besonders weiße Kittel bei Männern und Frauen beliebt gewesen zu sein. Sie deckten stets die ganze Gestalt und waren zuerst Festgewänder. Als Haus- und Arbeitskleid kommt der Kittel erst später vor. Bei den Frauen ist dann der Rock, der vom Mieder getrennt und an demselben befestigt wird, darunter gemeint.« Hierzu stimmt die Angabe bei Mosche Menz (15. Jhdt.), das Sargenes der Frauen werde Röcklein genannt. Kittel und Sargenes sind nämlich identisch.[1] Die älteste Mitteilung über das Sargenes findet sich bei dem Verfasser des *Rab'n* (12. Jhdt.), wo es heißt, daß man am Sabbattag ein weites Oberhemd anlege, welches nur für diesen Tag, nicht aber für den Werktag, bestimmt sei. Mit demselben bekleidet, kann man keine Arbeit verrichten. Wer keine besonderen Sabbatgewänder besitzt, verdeckt mit diesem Oberhemde die darunter befindlichen Alltagskleider. Auch in späterer Zeit weiß Jusfa Hahn von einem weiten Obermantel für den Sabbattag zu berichten, der an der rechten Seite ohne Ärmel geschlossen ist, um zu verhindern, daß man die rechte Hand ausstrecke und einen Gegenstand außerhalb der Sabbatgrenze forttrage. Daraus mag der Brauch entstanden sein,

[1] Grünbaum, Jüdisch-deutsche Chrestomathie, S. 502 ff., wollte das Wort *Sargenes* vom Stoff Serge herleiten, so daß es soviel wie ›Leinenes, Tuchenes‹ bedeuten würde. Einleuchtender ist der von mir im Literaturblatt der Jüdischen Presse 1870, S. 97, gegebene Hinweis, daß mittelalterliche Kommentare das hebr. *chaluk* = Hemd durch *ſsaruk*, d. i. altd. sarroch oder sarrôc = Hemd wiedergegeben. Das Wort erhielt schließlich eine deutsche Endsilbe und damit seine heutige Gestalt.

auch am Versöhnungstage ein solches spezielles Festgewand zu tragen. Denn zumeist für diesen festlichen Tag wird in den talmudischen Quellen als religiöse Vorschrift ausgesprochen, ihn durch die Anlegung eines »reinen Gewandes« auszuzeichnen. Ganz nahe lag es, auch für das Brautpaar am Hochzeitstage die Anlegung eines solchen Festgewandes einzuführen. Die Braut war mit dem Sargenes geschmückt, während der Bräutigam die sonstigen sabbatlichen Kleider trug. Auch der Sfeder am Peßachabend konnte den Familienvater veranlassen, dieses Festgewand anzulegen. Erst von einer gewissen Zeit an bemerkt man, wie dieses Festkleid auch zum Totengewand wurde. Daher konnte bei der ursprünglichen Einrichtung, den Kittel oder das Sargenes als Festgewand zu betrachten, später die Frage aufgeworfen werden, ob ein Leidtragender dieses Gewand anlegen dürfe. Zum ersten Male findet man beim Verfasser des *Rokeach* (13. Jhdt.) das Sargenes unter den Gewändern für die Leiche erwähnt. Näheres erfährt man erst aus den von den Schülern des R. Meir Rothenburg gesammelten Noten zum Maimonides (Hilchot Schabbat c. 30): Wer am Sabbat und Feste die Kleidung der Werktage nicht wechseln kann, weil er ein zweites Gewand nicht besitzt, ziehe, um übermütige Freude zu verhüten, das Sargenes darüber, welches das Totengewand ist. Der Gedanke an den Tod soll das Herz des Menschen ernster stimmen. Dieser zweite, so nebenher gehende Grund scheint zur Zeit des Maharil noch nicht maßgebend gewesen zu sein. Denn außer dem, was später (S. 52) bei der Braut erwähnt ist, führt er in seinem Buche noch den Brauch roter Leichengewänder aus alter Zeit an, wobei er mitteilt, daß nach der Ansicht der meisten Gesetzeslehrer die Toten in weißen Gewändern zu beerdigen seien. Zu diesen rechnet er als Obergewand die ganz ohne Schnitt hergestellte Umhüllung. Diese heißt im Rokeach *voltura,* im Maharil *bulter,* ohne

Zweifel französisch *volture,* Umwindung. Je mehr es sich später eingeführt hatte, mit dem Kittel oder Sargenes als dem vorzüglichsten Festgewand den Toten auszustatten, desto mehr machte sich mit dem Tragen desselben im Leben der Nebengedanke geltend, »daß es das Herz des sterblichen Menschen breche und demütig mache«; das führte endlich dazu, auch an denjenigen Festen, an denen nach der Überlieferung göttliches Gericht gehalten wird, dasselbe anzulegen; wenigstens der Vorbeter sollte dies tun.

DAS GOTTESHAUS BILDETE DEN MITTELPUNKT FÜR die Gesamtheit, nicht allein als die Stätte, an der man sich täglich im öffentlichen Gottesdienste vereinigte, sondern auch als der Ort, von dem alles ausging, was das geistige und oft auch das gesellschaftliche Leben innerhalb der Gemeinde betraf.

Gewöhnlich »die Schul« genannt, war das Gotteshaus wirklich die Erziehungs- und Unterrichtsanstalt für jedermann, wenn auch jene Bezeichnung in ihrem Ursprung auf etwas anderes hinweist. Wie nämlich im Altertum der griechische Ausdruck Synagoge sowohl auf die jüdische Gemeinde als auch auf das jüdische Gotteshaus angewendet wurde, so verhält es sich auch mit der lateinischen Bezeichnung *schola.* Wie hiermit die Gemeinden der Griechen und Römer bezeichnet wurden, so auch die der Juden, und diese Benennung wurde nachher auch auf das jüdische Gotteshaus übertragen. (Ohne weiter darauf einzugehen, sei gelegentlich bemerkt, daß auch der bei einem Teil der deutschen Juden gebräuchliche Ausdruck *oren* für beten aus dem lateinischen *orare* stammt.)

Die liebe Schul, die heilige Schul im Munde des Volkes offenbarte deutlich die innere Wertschätzung für dieselbe. »In Schul rein« lautete der Ruf des Synagogendieners am Sonnabend und Festtag in den Straßen des Judenviertels, um die Gemeinde zum öffentlichen Gottesdienste einzuladen. An den Wochentagen geschah dies in anderer Weise. Der Schulklopfer, eine bereits im talmudischem Altertum bekannte Person, schlug mit einem Holzhammer an die Türen oder Fensterläden, um anzuzeigen, daß es an der Zeit sei, zum Gottesdienst in die Schul zu gehen. Am Trauertage des Neunten Aw wurde an manchen Orten gar nicht, an anderen zweimal hintereinander geklopft; in gleicher Weise wurde bei einem in der Gemeinde vorgekommenen Todesfalle geklopft.

Dumpf dringen da am grauen Morgen diese beiden Schläge ans Ohr; sie verkünden der gesamten Gemeinde einen Sterbefall, der während der Nacht vorgekommen ist. Man eilt an die Haustür, um Näheres zu hören, die ganze Gemeinde wird in Trauer versetzt; das Leid des einzelnen ergreift die Gesamtheit. Aber auch an der Freude des einzelnen, zum Beispiel am Tage einer Hochzeit oder einer Beschneidungsfeier, fühlt sich die ganze Gemeinde teilzunehmen berufen. Hier wie dort wird im öffentlichen Gottesdienste die allgemeine Teilnahme dadurch zum Ausdruck gebracht, daß das Bußgebet im Gebetritus nicht verrichtet wird. Das wehmütige Gefühl, welches dieses Gebet im Herzen der Beter erweckt, könnte in dem einen Falle das Mitgefühl an der Freude trüben, in dem anderen die Teilnahme an der Trauer verringern.
Das Gotteshaus hat das Gefühl der Zusammengehörigkeit unter den Gliedern der jüdischen Gemeinschaft erzeugt und befestigt. Trat ein fremder Glaubensgenosse in das Gotteshaus ein, so reichte man ihm die Hand und entbot ihm den üblichen Friedensgruß. Man erkundigte sich nach seinen näheren Bedürfnissen und suchte im Sinne der Schriftstelle »Ihr sollt den Fremdling lieben« in jeglicher Weise dem Gast förderlich zu sein. War es ein Armer, so wurde er eingeladen, mit ins Haus zu kommen, und am Tische der Familie gespeist.
Die Versorgung fremder Armen war in den meisten Gemeinden gehörig organisiert, derart, daß ein jedes Mitglied nach Verhältnis seines Gemeindebeitrages eine Anzahl von *Pletten* übernehmen mußte. Es hatte sich dieser Ausdruck im Laufe der Zeit aus dem Worte Billett gebildet, als Bezeichnung für die schriftliche Anweisung, welche der Synagogen- und Armenvorsteher auf den Freitisch in einem näher bezeichneten Hause erteilte. In manchen Gemeinden war in der Synagoge eine Büchse mit solchen Billetten angebracht, aus welcher der Arme selbst

eine Anweisung auf einen Freitisch entnehmen konnte, um sich der Beschämung vor dem Armenvorsteher nicht auszusetzen.

Es wäre eine dankenswerte Aufgabe, die wohltätigen Einwirkungen, welche der regelmäßige tägliche Besuch des Gotteshauses hervorruft, und seine Bedeutung für das ganze jüdische Leben zur näheren Darstellung zu bringen. Die Synagoge war nicht selten von einem Gärtchen umgeben; so zum Beispiel in Worms, in Neustadt an der Hardt, in Schweidnitz und anderen Orten. Vor der Tür des Hauses befand sich gewöhnlich ein Eisen, um daran das Schuhwerk zu reinigen. Zuerst trat man in ein Vorzimmer ein, welches nach dem Mittelhochdeutschen *Polisch* genannt wurde. In der Mitte der Synagoge erblickte man die Erhöhung, welche zum Vorlesen der Tora dient, mit der talmudischen Benennung *Bema,* wofür in einem Responsum des R. Jaakow Weil (15. Jhdt.) Altar steht, das aber dem seit Raschi üblichen *Almemor* (aus dem arabischen Alminbar, Kanzel oder Katheder) gewichen ist. Zur Beleuchtung für die Synagoge wurde gewöhnlich Öl verwendet. In den Ländern, wo wenig oder gar kein Öl vorhanden war, mußte man an einen Ersatz denken. Rabbi Meïr von Rothenburg entschied auf eine an ihn gerichtete Anfrage: »Da durch das Brennöl in der Synagoge ein solcher Dampf erzeugt wird, daß die Besucher des Gotteshauses oft gezwungen werden, dasselbe zu verlassen, ist es gestattet, wenn jemand eine Spende zum Ankauf von Öl zur Synagogenbeleuchtung gelobt hat, entgegen dem Wortlaute des Gelübdes dafür Wachslichte anzuschaffen.« In den Responsen desselben Rabbi findet sich eine Mitteilung, welche auf den Gebrauch des Talglichts selbst für das häusliche Sabbatlicht hinweist. Denn es heißt dort, Rabbenu Tam habe die Anordnung getroffen, daß, wer zu Hause am Sabbat geschmolzenes Schmalz zur Beleuchtung verwende, einem talmudischen

Ausspruche gemäß etwas Öl dareinmische, während Awiesri auch den Zusatz von Öl nicht für nötig halte.
Das Innere der Synagoge blieb gewöhnlich frei von jeder Ausschmückung; nur Inschriften, welche die Abkürzungen mahnender und segnender Formeln boten, so zum Beispiel die Worte סמוט und אטלא[1], oder gewisser Gebete, zum Beispiel der bei der Verkündigung des Neumonds gesprochenen, bedeckten die Wände. Ornamente von Pflanzen oder Tiergestalten, an sich nicht verboten, konnten die Beter in der Andacht stören und waren daher nicht beliebt. Jedoch fehlte es nicht an Ausnahmen, bei denen man sich auf die gewichtige Stimme eines bedeutenden Gesetzlehrers berufen konnte. Efrajim b. Jizchak in Regensburg (12. Jhdt.) hatte nämlich die Bemalung der Synagoge mit Tiergestalten wie Vögeln und Rossen gestattet und es damit begründet, daß jede Besorgnis vor götzendienerischer Anbetung jetzt ausgeschlossen sei. Diese Entscheidung hatte auch bei den Späteren Geltung erhalten, gegenüber einer anderen Entscheidung des R. Eljakim (des Schwiegervaters des Rab'n), der angeordnet hatte, daß die Bilder von Löwen und Schlangen in den Glasmalereien an den Fenstern der Synagoge zu Köln beseitigt werden sollten. Auch Mosche ben Jizchak, der Verfasser des Or Sarua (12./13. Jhdt.), hielt die Bäume und Vögel, die er als kleiner Knabe in der Synagoge zu Meißen an den Wänden gesehen zu haben sich erinnerte, nachmals im gereiften Alter für unerlaubt. R. Meïr von Rothenburg verbot sogar, die Machsor-Handschriften mit Tier- und Vogelbildern auszuschmücken, damit die Betenden nicht abgelenkt würden.
Jede Gemeinde, auch die kleinste, besaß ein Haus für den öffentlichen Gottesdienst. Nicht so war es mit dem Friedhofe. Nur die angesehenen, größeren Gemeinden hatten einen eigenen Begräbnisplatz. Dort begruben auch die in

[1] Anfangsbuchstaben der Psalmverse 34, 15 und 73, 1.

der Nachbarschaft angesessenen Juden ihre Toten, sei es, daß sie dort eigene Gemeinden bildeten, oder daß sie einzeln an kleinen Orten oder auf dem Lande lebten. Man betrachtete sie als zu einer solchen größeren Gemeinde gehörig und nahm gewissermaßen so viele Gemeinden an als es Begräbnisplätze gab. Die Überführung einer Leiche von dem Ort des Todes nach einem Friedhofe war in jenen Zeiten mit vielen Schwierigkeiten, oft auch mit besonderen Kosten verbunden. Denn an manchen Orten oder an der Begräbnisstelle selbst wurde zuweilen vom Leichenzug ein Geleitgeld gefordert. So mußten zum Beispiel für die Leiche eines auswärtigen Juden bei dessen Beerdigung in Ulm beim Eintritt in das städtische Gebiet ein Pfund Heller, bei dem Wege durch die Stadt drei Schilling und vier Pfund Heller bezahlt werden. In Regensburg war der Begräbnisplatz für alle Juden in der Oberpfalz und Niederbayern. Bei der Austreibung der Juden im Jahre 1519 wurde seine Mauer zerstört. Hierüber herrschte unter den Juden große Bestürzung. Denn dieser Totenacker war weit und breit berühmt, es befanden sich mehr als viertausend Leichensteine darauf. Es pflegten auch alljährlich viele aus fernen Gegenden zu diesen Grabstätten zu wallen, und mancher Fremdling hatte sich mit großem Kostenaufwand neben seinen Altvätern eine Ruhestätte gesichert. In Würzburg hatte der Bischof bei der Austreibung der Juden ihren Friedhof verkauft; bei ihrer Rückkehr waren sie bemüht, ihn wieder in ihren Besitz zu bringen. Da aber ein sehr hoher Kaufpreis von ihnen verlangt wurde, gestattete ihnen der Rabbiner, die Erträge der darauf befindlichen Weinstöcke und Bäume alljährlich zu verkaufen und den Erlös zum Ankauf des Friedhofes zu verwenden.

Der ursprüngliche Brauch, an den Gräbern ausgezeichneter Personen zu beten, hat in der Leidenszeit eine weitere Ausdehnung erhalten. Denn wer betrübten Gemütes war, besuchte den Friedhof und schüttete seine Klagen an den Gräbern der Eltern und Verwandten aus, um sein Herz zu erleichtern. Schon ein Schüler des R. Meïr Rothenburg sah sich genötigt, darauf hinzuweisen, daß dieser Brauch in die Kategorie des Verbotes »Tote zu befragen« gehöre. Allgemein besuchte man den Friedhof an Fasttagen und hielt dort einen Rundgang. Der Vorsteher Lämlein in Augsburg hatte einmal das Gelübde getan, die Gräber in den Gemeinden Speyer, Worms und Mainz zu besuchen. Als er aber eines schlimmen Auges wegen die Reise aufgeben mußte, wollte R. Jaakow Weil das Gelübde nur unter der Bedingung lösen, daß Lämlein fünfzig Gulden als Mitgift für die mittellose Gütlein zahlte.

Jede größere Gemeinde besaß ein besonderes Haus, welches für die Aufnahme von armen Durchreisenden und Kranken bestimmt war. Ein solches Spital oder Asyl führte die Bezeichnung *Hekdesch*, das heißt: heiliger Wohltat gewidmet. Diese Bezeichnung findet sich bereits in einem hebräischen Briefe, den im Jahre 1381 die jüdische Gemeinde zu München an die zu Straßburg gerichtet hat. Unzweifelhaft ist ein solches Haus auch »der Juden Heckhus« in Frankfurt am Main, wo auch 1473 ein solches »Versorgungshaus« für Arme erwähnt wird.

Kranke zu besuchen gilt als ein hochheiliges Liebeswerk, allerdings sollte es mit dem Besuche und der hierbei bewiesenen Teilnahme allein nicht genug sein. Zur Krankenpflege sollte jeder sich berufen fühlen, und persönliche Dienstleistungen sollten überall eintreten, wo sie erforderlich seien. Da nun nicht ein jeder als hierfür geeignet erscheinen konnte, wurden in den Gemeinden besondere Organisationen geschaffen, die den Namen *Chewra kadischa* (Heilige Vereinigung) führten, deren Mitglieder ganz besonders die Krankenwartung persönlich auszuüben hatten. Sie taten ihre Pflicht bei arm und

reich unentgeltlich, hielten Nachtwachen und ließen Kranke wie Sterbende nie ohne Beistand und Hilfe. Sie folgten hierin dem Beispiele R.Akiwas, von dem erzählt wird, daß er einst seinen kranken Schüler besuchte, ihn ohne irgendeinen Wärter auf dem Lager fand, und es nun trotz seines Alters unternahm, das Zimmer zu säubern, frische Luft zu schaffen und den verschmachteten Kranken zu laben. Da erhob sich der Schüler vom Lager, um seinem Lehrer zu danken; Meister, du hast mich belebt! R.Akiwa, so wird weiter erzählt, war von diesem Vorfalle tief bewegt, predigte bald darauf über die hohe Bedeutung des Krankenbesuches und schärfte hierbei die Lehre ein: Wer es unterläßt, einen Kranken zu besuchen, hat gleichsam einen Mord begangen. Dieser Ausspruch erhielt später die positive Fassung: Wer den Kranken besucht, bewirkt eine Verlängerung des Lebens desselben, wer es unterläßt, eine Verkürzung.
Manche Gemeinden besaßen, ebenso wie die Zünfte, auch ein »Tanzhaus«, welches für Vergnügungen, vorzüglich für Hochzeitsfeste, eingeräumt wurde, wie man auch einen großen kupfernen Topf als Kochgerät für solche Gelegenheiten von seiten der Gemeinde bereit hielt. (Aus älterer Zeit wird berichtet, daß man für solche Festlichkeiten Gefäße von Christen entlieh.) In den jüdischen Quellen wird ein solches Haus geradezu Hochzeitshaus genannt. Wir finden es in Köln, wo es Spielhaus hieß, in Eger, Augsburg, Rothenburg, Frankfurt am Main und noch anderswo. Man tanzte auch an Festtagen darin, wobei – da das Werkverbot das Musizieren von Juden ausschloß – Nichtjuden aufzuspielen pflegten. Das wurde aber streng getadelt. Derartiges sollte nur am Sabbat einer Hochzeit gestattet sein, an dem zu Ehren der Feier auch sonst mancherlei erlaubt wurde, was sonst nicht sein durfte.

GALT IM ALLGEMEINEN DIE VON DEN MORALLEHrern gepredigte, vom Ernst des Lebens ohnehin eingeschärfte Forderung, jede übermäßige Fröhlichkeit zu unterdrücken und selbst an Sabbaten und Festtagen nur in der stillen inneren Freude den echten Ausdruck gehobenen Gefühls zu suchen und zu finden, so wollte man doch nicht ein klösterliches, asketisches Leben empfehlen. »Halte dich von den Extremen fern«, ruft R. Jehuda der Fromme aus, »sag nicht, ich will kein Fleisch essen, keinen Wein trinken, keine schöne Wohnung haben, keine anständige Kleidung anlegen, will mich vielmehr mit härenem Gewand umgeben wie ein Mönch. Auch dies wäre ein sündhafter Weg; du hast dir nur zu versagen, was die Schrift zu genießen verbietet«. Wir werden daher nicht selten die Juden im Mittelalter auch bei lauten Freuden beteiligt finden. Sie feierten zunächst solche Zeiten, die mit dem religiösen Leben in Verbindung standen. So wurde eine besondere Festlichkeit veranstaltet, wenn das Studium eines Talmudtraktats beendigt war. Der Schluß wurde in Anwesenheit der ganzen Gemeinde vorgetragen, hierauf fand ein Festmahl statt, an dem sogar im Trauerjahr befindliche Personen teilnehmen durften. Nicht selten verband man damit die Feier eines sechzigsten Geburtstages, den mancher mit Rücksicht auf einen talmudischen Ausspruch festlich beging. Man wählte für eine solche Feier häufig den dreiunddreißigsten Omertag, ohnedies ein kleiner Festtag, an dem man in den Rheingegenden auch den Christen Geschenke sandte. (Auch am Neujahr, dem achten Tage nach Weihnachten, *Nitel–Natale–*, auch *Calend* genannt, und am Pfingsten sandte man Geschenke an die Obrigkeit und an Geistliche. Man beschenkte Christen auch nach dem Hüttenfeste mit den Etrogim, was der Verfasser des kleinen Buches der Frommen aber tadelt. Die Christen beschenkten wiederum die

Juden am Abend nach beendigtem Peßachfeste mit Brot.)

Eine besonders laute Festfreude entwickelte sich am Fest der Torafreude *(Sſimchat Tora),* an dem die Vorlesung aus dem Pentateuch im Jahreszyklus beendet und anschließend, mit der Vorlesung des Anfangs der Tora, der neue Zyklus eröffnet wird. In Sachsen pflegte derjenige, welcher die Vorlesungen beschloß, der ganzen Gemeinde ein Festmahl zu geben, wobei es mit Süßigkeiten und fettem Geflügelwerk sehr flott herging, nachdem die Honoratioren den »Bräutigam der Tora«, wie man ihn nannte, feierlichst nach Hause geleitet hatten. Die Frauen ließen es sich nicht verbieten, am Festtag Früchte von Nichtjuden holen zu lassen, um sie bei dem feierlichen Umgange in der Synagoge zu deren Ergötzen unter die Jugend zu werfen. Eine andere eigentümliche Freude bereitete sich die Jugend an diesem Tage, indem sie von Haus zu Haus lief, alle am Feste gebrauchten Bachweiden sammelte und damit ein großes Feuer unterhielt. Man nahm hierzu sogar das Material der Laubhütte; erregte das auch das Mißfallen mancher Gelehrten, wie zum Beispiel des Vaters von R. Jaakow ha-Lewi (am Schlusse des vierzehnten Jahrhunderts) und des R. Jaakow Weil, so war es doch wiederum der Sohn des ersteren, der Maharil, der sich hierbei mit der Jugend gar sehr freuen, ihr das Material seiner Laubhütte überweisen und sie zugleich aneifern konnte, das Material der anderen Laubhütten herbeizuschaffen. Ein besonderer Eifer entwickelte sich in dem Arrangement für die häufig mit einer gewissen Komik verbundene Freude zu Chanukka und Purim, an dem es nicht selten vorkam, daß einer vom andern in der ausgelassenen Ungebundenheit fortgerissen wurde, ähnlich wie bei dem Schönbartlaufen jener Zeit. Überall fand man an diesen Tagen eine einladende freie Tafel, und ausdrücklich wird betont, daß die erwachsene Jugend für manche Ausschreitungen der Festfreude nicht zur gerichtlichen Verantwortung gezogen werden dürfe. Verkleidungen waren Chanukka, Purim und bei Hochzeiten sehr verbreitet, wie im Mittelalter überhaupt die Lust an Verkleidungen und Vermummungen mit festlicher Ausgelassenheit allgemein war, nicht aber immer zur Zufriedenheit der frommen Gesetzeslehrer, welche Verkleidungen nur in den Gefahren der Verfolgungszeiten gestatten wollten. Hört man doch in Wirklichkeit, wie in solchen Zeiten, um unerkannt zu bleiben, von Juden Mönchskleidung angelegt wurde, eine jüdische Frau aus dem Haare ihrer Freundin einen Bart sich fertigte, um als Mann gelten und etwaigen Nachstellungen entgehen zu können, wie man auch aus diesem Grunde einer Frau gestatten wollte, zur Zeit der Gefahr die Kleidung einer Nonne anlegen, selbst ein Schwert umgürten zu dürfen.

Von lauter Freude der ganzen Gemeinde waren ganz besonders die Hochzeitsfeierlichkeiten begleitet. Es galt als religiöse Liebespflicht, zur Mehrung der Freude eines Brautpaares beizutragen, und diese Pflicht ist stets gern erfüllt worden. Ehe wir aber den Hergang eines Hochzeitsfestes jener Zeit schildern, wollen wir noch kurz berichten, in welcher Weise damals die Ehen geschlossen wurden.

Der Minnedienst mit dem Frauenraub und sonstigen Abenteuern waren den jüdischen Kreisen fremd geblieben. Bei der starken Familiengemeinschaft, die zu unserer heutigen Zerfahrenheit und dem oft gelockerten häuslichen Zusammenhang in stolzem Gegensatz steht, war der Wille des Vaters (nach seinem Ableben der des als Familienoberhaupt verehrten ältesten Bruders) besonders bei Eingehung einer Ehe entscheidend. Bei der Wahl der Braut sahen die Besseren vor allem auf die guten Sitten des Mädchens und auf den Lebenswandel ihrer Brüder, nicht allein auf die Vermögensverhältnisse; vorzüglich legten sie aber auf eine makellose Abstammung Wert. Wurden die Eheschließungen also von den Familienoberhäuptern eingeleitet, so blieb der eigene Wille der zu Verheiratenden doch immer berücksichtigt. Eine Verbindung, die der Neigung der jungen Leute zuwider war, wurde nicht gebilligt. Und wenn der junge Mann die Gattin auch ins Haus führte, ohne ihr vorher formell die Liebe erklärt zu haben, so wissen wir doch aus vielen Zeugnissen, wie sehr das Eheleben im Zeichen wahrer Liebe stand. Dafür zeugt die in jener Zeit nichts weniger als allgemein übliche Behandlung, welche die jüdische Frau durch ihren Gatten erfuhr.

Die Behandlung der Frau blieb immer liebevoll, es herrschte Einigkeit in den Ehen, man hielt es für schimpflich, seine Frau zu beleidigen oder zu kränken. R. Meïr von Rothenburg äußert in einem Bescheide: »Ich habe eine Überlieferung, derzufolge der Ehemann, der seine Frau schlägt, strenger zu bestrafen ist, als wer seinen Nächsten schlägt. Denn mehr als jeden anderen Menschen hat er ja die Frau zu ehren. Bei Nichtjuden trifft man zuweilen eine solche schlechte Behandlung der Frau. Ein Jude aber sollte Derartiges, Gott bewahre, nicht tun. Ist einer dennoch so gefühllos, dann tue man ihn in den Bann und züchtige ihn; die Hand sollte man ihm abhauen, wenn er von einer ehrlosen Behandlung der Frau nicht abläßt.« Einem Manne, dessen Frau der Kummer über schlechte Behandlung getötet hatte, wollte man das Recht absprechen, sie zu beerben. Von R. Jaakow ha-Lewi Mölln wird mitgeteilt, er habe von seiner Frau, die er als Witwe geheiratet hat, nie anders gesprochen als mit der ehrwürdigen Bezeichnung »min Hussfruwe«, das heißt meine Hausfrau.

Bei den Frühheiraten, welche immer empfohlen waren, fing der Vater rechtzeitig an, seine Sorge auf die Verheiratung seiner Tochter zu lenken. Man beeilte sich, der Tochter einen Mann zu geben, weil man immer in Angst lebte, die für sie festgelegte Mitgift in einer hereinbrechenden Verfolgung zu verlieren. Zur Ausführung waren besondere Vermittler behilflich, als Boten des Himmels, in welchem die Ehen, wenn auch nicht – wie im Sprichwort – geschlossen, so doch beschlossen werden. Von solchen Vermittlern wußte man, daß sie gewöhnlich in der Darstellung der Verhältnisse übertrieben, um zuerst einmal ein näheres Eingehen auf ihren Vorschlag zu erreichen. War die Eheverbindung zustande gekommen, so erhielten sie ein Honorar, das höher zugemessen wurde, als der bloßen Mühewaltung entsprochen hätte. In Österreich wurde es erst nach der Hochzeit, in der Rheingegend aber schon bei der Verlobung ausgezahlt. Wir wissen von einem der bekanntesten und geehrtesten rabbinischen Führer des späteren Mittelalters, daß er sich mit derartigen Ehevermittlungen abgegeben hat und dies für ein wichtiges und verdienstvolles Tun erachtete; es ist der von uns häufig zitierte R. Jaakow ha-Lewi Mölln in Mainz (gest. 1427). Ein Zeitgenosse schildert den Respekt, den man einem von diesem Gelehrten gemachten Vorschlag entgegenbrachte, mit den Worten Hiobs: »Auf mich hörten sie und harrten, warteten schweigend auf meinen Rat. Nach meinem Worte widersprachen sie nicht und auf sie träufelte meine Rede.« Begreiflicherweise honorierte man die Bemühungen eines solchen Mannes reichlicher als sonst, und diese Einnahmen sicherten zum größten Teil seinen Lebensunterhalt, während er das Gehalt, welches die Gemeinde an ihn zu zahlen hatte, für seine Hochschule verwendete.

Waren alle Präliminarien erledigt, so schritt man zur Verlobung im heutigen Sinne des Wortes, da die talmudische Sitte, nach erfolgter Verabredung Verlobung und

Trauung an einem und demselben Tage hintereinander zu begehen und das Hochzeitsfest erst später folgen zu lassen, im Mittelalter nur noch selten geübt wurde. Die Verlobung war mit dem Augenblicke, wo ein Reugeld für die etwa zurücktretende Partei festgesetzt war, als geschlossen anzusehen, worauf die Verwandten der Brautleute mit verschiedenem Backwerk bewirtet, auch mit großen, runden Faltenkragen beschenkt wurden. Die Überreichung der Geschenke an die Braut, welche gewöhnlich am Vorabend des Hochzeitstages erfolgte, veranlaßte eine besondere Feierlichkeit. Es erschien der Rabbiner in Begleitung der Vornehmsten aus der Gemeinde und redete die geschmückte Braut mit den Worten an: »Hör mich an, holde Braut, dein Bräutigam sendet dir durch mich die Geschenke, die du aber erst nach vollzogener Trauung als dein unbeschränktes Eigentum betrachten mögest.« Verschämt blickte die Braut zur Seite, als sträubte sie sich, die Geschenke anzunehmen, und ersuchte endlich eine Frau aus der Gesellschaft, es an ihrer Stelle zu tun. Solche Geschenke, in der talmudischen Zeit und in Westdeutschland noch heute unter dem Namen *Siwlonot* bekannt, bestanden, ähnlich wie in der nichtjüdischen Welt des Mittelalters, für die Braut in einem mit Gold besetzten Gürtel, in Schleier, Kürsen und Kräntzel, für den Bräutigam in Ring und Schuhen, denen die Mutter der Braut gewöhnlich einen mit Silber besetzten Gürtel hinzufügte.

Am Sabbat vor der Hochzeit wurde diese durch ein »Vorspiel« eingeleitet. Es bestand darin, daß der Bräutigam die Jugend im Hochzeitshaus der Gemeinde festlich bewirtete. In einem Spezialfalle wurde entschieden, daß am Sabbat vor dem 9. Aw der Trauer wegen ein solches Vorspiel nur in beschränktem Maße, und in der Wohnung des Bräutigams stattfinden dürfe. Er sollte seine Gäste mit Süßigkeiten und Wein traktieren, doch sollte man auch

hierin dieses Mal ganz mäßig sein und der Lizon (vgl. S. 62) alle Spaßmacherei unterlassen, die bei dieser Gelegenheit sonst üblich ist.
Eine andere Vorfeier der Hochzeit fand an dem der Hochzeit vorangehenden Freitagabend statt, nämlich eine das ganze Fest einleitende Lustbarkeit zu Ehren der Eltern des Brautpaares, wobei mit Wein und Früchten traktiert und besonders Nüsse verteilt wurden. Auch diese Feier nannte man »Vorspiel«, meistens aber »Spinholz«, eine Benennung, die ihren Ursprung offenbar im nichtjüdischen Kreise hat. Denn wir haben verschiedene Belege dafür, daß auch bei den Christen ein notwendiger Teil und Schmuck des Brautwagens der Spinnrocken oder das Spinnrad gewesen war.
Achtete man auch sorgfältig darauf, daß nicht zwei Hochzeiten an einem Tage stattfinden sollten, um jedem Hasse vorzubeugen, der entstehen könnte, wenn der einen Hochzeit mehr Teilnahme geschenkt würde als der andern, so war man doch damals bei der Wahl des Tages für eine Hochzeitsfeier durchaus nicht von jenem Aberglauben geleitet, der die Deutschen in dem Dienstag, als dem vor bösem Einfluß gesichertsten Tage, den der Ehestiftuntg günstigsten Wochentag erblicken ließ[1]. Es ist dies ein Aberglaube, der in unserer Zeit auch von Juden festgehalten und mit einem Hinweis auf den Umstand begründet zu werden pflegt, daß in der Schöpfungsgeschichte das Werk des dritten Tages zweimal mit dem Prädikat *ki tow* = »es war gut« bezeichnet ist. Was soll man aber dazu sagen, wenn auch in der Gegenwart in Häusern, denen jede jüdische Sitte längst fremd geworden ist, mit Ängstlichkeit darauf gehalten wird, bei der Verheiratung der Töchter nur ja den Dienstag als den Glückstag zu wählen! Wenn, wie in talmudischer Zeit,

[1] Grimm, Deutsche Mythologie II 1092; Rochholz, Deutscher Glaube und Brauch II 21.

auch während des Mittelalters in manchen Gegenden gewöhnlich der Mittwoch zu solchem Zwecke ausersehen war, so waren hierbei lokale Gründe leitend; damit nämlich die Gäste von außerhalb sich zeitig auf die Heimreise begeben und vor Eintritt des Sabbats wieder zu Hause sein konnten. In größeren Gemeinden, wo für entsprechende Räumlichkeiten zur Unterbringung von Gästen eher gesorgt werden konnte, wurden hingegen, wie noch heute bei den Juden in den östlichen Ländern, die Hochzeiten gewöhnlich am Freitag gehalten, obgleich bereits in talmudischer Zeit sich Stimmen gegen den Freitag als Hochzeitstag erhoben hatten. Wenn hierbei ein mehr von kabbalistischem Einfluß beherrschter Autor erwähnt, daß von vielen dieser Tag deshalb gewählt werde, weil er der Venus oder Freia geweiht ist, so wird doch von anderer, maßgebender Seite ausdrücklich erklärt, man habe diesem Tage mit Rücksicht auf die Unbemittelten den Vorzug gegeben, um nämlich ökonomisch die Feier mit der des unmittelbar darauf eintretenden Sabbats vereinigen zu können.

Daß sich um das Hochzeitsfest eine Menge von Gebräuchen sammelte, und daß man geschäftig war, es nach der Landessitte möglichst zu schmücken und auszuzeichnen, ist erklärlich. Die Schilderung einer Hochzeit, wie sie zu Ende des vierzehnten Jahrhunderts in Mainz gefeiert wurde, wird uns ein ziemlich allgemeines Bild von der jüdischen Hochzeitsfeier jener Zeit überhaupt geben.

Am Freitag in aller Frühe ruft der Gemeindediener zur Synagogenandacht und ladet hierbei zugleich die ganze Gemeinde zum *Mayen,* das heißt zur Feier, ein. Alle sollten an einer solchen Feierlichkeit teilnehmen, die keinen privaten Charakter trug, vielmehr als allgemeine Freude von allen mitempfunden und begangen wurde. Die ganze Gemeinde, voran der Rabbiner und die Honoratioren zur Seite des Bräutigams, begibt sich unter Vorantragung von geflochtenen Kerzen und unter Musikbegleitung, die nicht selten auf der Straße zum Tanze anregte, in den Synagogenvorhof. Hierauf holen die Träger der Kerzen und die Musikanten die Braut mit deren Freundinnen, von den Frauen geleitet, feierlichst ab. Ist die Braut im Synagogenhof angelangt, so wird ihr der Bräutigam von dem Rabbiner und den Vornehmen der Gemeinde entgegengeführt, der Bräutigam erfaßt die Hand der Braut, die Anwesenden bestreuen sie beide mit Weizenkörnern und rufen ihnen dabei die Psalmworte zu: »Er umgebe dein Gebiet mit Frieden, sättige dich mit dem Mark des Weizens.« Unter die Körner wurden auch Geldmünzen für die Armen gemischt. Hand in Hand geht dann das Brautpaar bis zur Tür der Synagoge, wo es sich auf einer Bank ein wenig niederläßt. Nachdem es so vereint einige Augenblicke zugebracht hat, wird die Braut nach Hause geleitet, damit sie ihre Toilette vollende. Sie legt an ihrem Ehrentage statt des gewöhnlichen Überrockes die *Kursen* an, welche die verheirateten Frauen an Festtagen zu tragen pflegten (vgl. S. 31 f.). Das *Sargenes,* das weiße Kleid, welches die Braut darunter trägt, soll die Freude des Tages mäßigen und wehmütige Erinnerungen hervorrufen. Das Gesicht verschleiert, wie einst Rebekka in der Nähe Isaks, das Haupt verhüllt – weshalb auch von dem sonst bereits im Altertum gebräuchlichen Kranzschmuck nicht die Rede ist –, sollte sich die Braut in der größten Freude ihres Lebens zugleich an die allgemeine Trauer um Zion mahnen, dem Ausspruch des Psalmisten folgend: »Wenn ich nicht dein gedächte, Jerusalem, wenn ich dich nicht erhöbe auf den Gipfel meiner Freude«. Auch der Bräutigam bekundet diese Teilnahme an der Trauer der Gesamtheit. Im sabbatlichen Anzuge zwar, erscheint er mit seiner Kopfbedeckung doch wie ein Leidtragender. Er trägt die Kappe, ein Gewand mit offenen Halbärmeln,

Kragen und Kapuze. Diese, in den Quellen Mitron, zu deutsch Gugel, genannte Kapuze, zieht er heute, wie in der Trauer, über den Kopf, nachdem die Stelle am Haupt, wo sonst der Schmuck der Tefillin ihn ziert, mit Asche bestreut worden ist. Hat der Bräutigam neben der heiligen Lade, an der nordöstlichen Seite, den Ehrensitz eingenommen, so beginnt man mit dem Morgengottesdienst, worauf unmittelbar nach dem Gebet die Trauung folgt. Die Braut wird unter Musikklängen bis zur Pforte der Synagoge geführt und, während sie daselbst verweilt, holt der Rabbiner den Bräutigam ab und geleitet ihn zur Emporbühne in der Mitte der Synagoge. Hierauf begibt sich der Rabbiner in Begleitung der Vornehmsten aus der Gemeinde zur Synagogenpforte, um die Braut feierlichst einzuholen. Der Bräutigam faßt die Braut beim Kleid und nimmt sie an seine rechte Seite. Seine Mutter und die der Braut stehen während des ganzen Trauakts auf der Emporbühne. Mit dem Gebetmantel *(Tallit),* den nach rheinischer Sitte der Bräutigam an seinem Hochzeitstag zum ersten Male umlegt, oder auch mit dem langen Zipfel, der von der Mitra des Bräutigams herabhängt, wird das Brautpaar eingehüllt, und es geht so der Trauungsakt vor sich. Nach Beendigung desselben erfolgen die Glückwünsche für das Brautpaar, man wünscht eine reich gesegnete Ehe – erst im fünfzehnten Jahrhundert hört man den heute üblichen Glückwunsch »Masal tow!« (günstiges Gestirn) –, worauf man sich beeilt, den Bräutigam zuerst nach Hause zu geleiten, damit er nachher der Braut bis an das Tor entgegengehe, ihre Hand ergreife und sie auf den oberen Pfosten lege, um sie so im Bereich des Hauses zur nunmehrigen Gebieterin zu proklamieren.

Nicht selten aber wurde die Trauung erst gegen Abend vorgenommen. Das eigentliche Fest im sogenannten Brauthaus, das jede größere Gemeinde besaß, begann

jedenfalls erst am Abend, dauerte aber dann, mit alleiniger Unterbrechung durch den Gottesdienst am Sabbatvormittag, bis zum Sonntagmorgen. Bei der Hauptmahlzeit am Sabbat zur Vesperzeit hielt man sich vom Minchagebet dispensiert. Man gestattete sich bei solchen Anlässen sogar, die Speisen durch Nichtjuden wärmen zu lassen – wie man auch bei der Lustbarkeit in der Sabbatnacht den Dienstboten, entgegen der sonstigen strengen Übung, auftrug, Feuer und Licht anzufachen. Der Tanz begann gewöhnlich in der Nacht des Sabbatausgangs, häufig aber auch schon am Nachmittag des Sabbats selbst. Ausschreitungen, welche die Ungebundenheit bei solcher Gelegenheit hervorrief, waren die Ursache, daß man unter die Zahl der Verordnungen des Rabbenu Gerschom die Bestimmung aufnahm, daß die Jugend, welche oft Erpressungen sich erlaube, nicht mehr als sechs Denare von dem Bräutigam zu fordern habe und daß sie in der Ausgelassenheit von niemandem irgend etwas heimlich entwenden dürfe.
Der Gottesdienst am Freitagabend wird im Hause des Bräutigams von der erwachsenen Jugend abgehalten. Zu dem Gottesdienst am Sabbatvormittag wird der Bräutigam wiederum von den Honoratioren der Gemeinde feierlichst eingeholt, er erhält mit seinen Beiständen, die ihm von den Eltern des Brautpaares zur Seite gegeben werden, Ehrensitze in der Nähe der heiligen Lade. Er genießt mit seinen Beiständen gewisse liturgische Vorrechte und bildet so auch im Gottesdienst den Glanzpunkt des Tages. In besonderen Gesängen werden die Neuvermählten und ihre Führer gepriesen und gesegnet. Beim feierlichen Aufruf zur Toravorlesung begleiten den Neuvermählten die Beistände; er spendet bei dieser Gelegenheit zum Besten des Jugendunterrichts und der Ausstattung armer Bräute und weiht zu seinem Ehrentage ein reich gesticktes Band zur Umhüllung der Tora-

rolle. Aus der Synagoge in seine Wohnung zurückgekehrt, überreicht der neue Ehegatte der jungen Gemahlin seinen Mantel, Gürtel und Hut, um ihr den Anteil an seinem Vermögen öffentlich zuzuerkennen[1]. Der ganze Tag und die darauffolgende Nacht sind der allgemeinen Belustigung gewidmet, für die natürlich Instrumentalmusik und Gesang unentbehrlich waren. Als daher einmal wegen eingetretener Landestrauer (vor 1427; die Nachricht enthält also eine der ältesten bekannten Erwähnungen der Landestrauer auf deutschem Boden) jede Musik untersagt war, verlegte man eine Hochzeitsfeier von Eppstein nach dem drei Meilen entfernten Mainz, um nur nicht die zur Erhöhung der Festfreude wesentliche Musik zu entbehren.

[1] Über ähnliche Symbole bei den Deutschen vgl. Weinhold, Die Deutschen Frauen in dem Mittelalter, Wien 1897, I, S. 309 u. 346.

DIE SPIELLEUTE BEI DEN SABBATLICHEN HOCHZEITSfeiern waren Christen, da Juden am Sabbat das Musizieren nicht erlaubt ist, weshalb man einmal bei einer solchen Gelegenheit auch nicht gestatten wollte, daß ein Apostat zum Tanze die Laute schlage. Daß aber an anderen Tagen auch Juden musizierten, erfahren wir aus vielen Stellen der mittelalterlichen Literatur; ja soweit in dieser Zeit von einer Pflege der Musik oder des Gesanges überhaupt die Rede sein kann, sehen wir auch unsere Ahnen Anteil daran nehmen. Als später von Italien aus die Musikkunst nach Deutschland verpflanzt wurde, waren die Juden für ihre Entwicklung mit tätig und bewährten das musikalische Talent, welches nach der Behauptung Disraelis dem jüdischen Stamme vorzüglich innewohne. Allerdings war die Musikpflege bei den Juden infolge ihrer häufig trüben Gegenwart zeitweise gemindert oder gemäßigt, ganz hörte sie nie auf. Es ist bezeichnend, wie selbst ein frommer Gelehrter, der in den trübsten Zeitverhältnissen lebte, die befreiende Erhebung durch Musik und Gesang zu würdigen wußte. Es dürfte gestattet sein, zuweilen zu musizieren, so sagt er, um geübt zu sein, wenn bei freudigen Anlässen, wie Chanukka, Purim und bei Hochzeiten, in frommer Absicht zu spielen sich Gelegenheit biete. Aber auch in sorgenvollen Zeiten dürfe man durch die Musik den Trübsinn verscheuchen, der vom Studium der Tora zurückhalte. Allerdings sollte dieses Studium immer den Mittelpunkt bilden, in den alle Bestrebungen münden, und von dem wiederum jede Tätigkeit im Leben ausgehen sollte. In gleicher Weise sollte der Gesang zur Verherrlichung Gottes, und daher zuvörderst für den Gottesdienst in der Synagoge, aber auch im häuslichen Kreise, gepflegt werden. Man empfahl, mit vorzüglicher Sorgfalt auf die passende Melodie zu achten, um jedes Gebet in angemessener Weise vorzutragen. Es wird berichtet, daß es in den verschiedenen Gemeinden Deutschlands besondere Melodien für gewisse Gebete gab, wovon manche nach verschiedenen Provinzen sich verpflanzt haben. So hört man beim Maharil, der in Mainz starb, von österreichischen Melodien, welche in Regensburg üblich waren.

Die allgemeine Annahme führt die bei uns heimischen Melodien der Gebete auf eben diesen R. Jaakow ha-Lewi zurück, was wahrscheinlich auf die Mitteilung zurückgeht, daß er es nicht billigen wollte, eine Melodie, die in einer Gemeinde üblich war, leichtfertig zu ändern, weil Melodie und Gebetstück im Laufe der Zeit so miteinander verwüchsen, daß sie nur zum Schaden der wahren Andacht getrennt werden könnten. Ebenso wurde die Annahme fremder, nichtjüdischer Singweisen für den Gottesdienst mißbilligt und das laute Mitsingen der Gemeinde mit dem Vorbeter getadelt, dagegen dem letzteren empfohlen, jedes Gebetstück mit passender Melodie und in angemessener Weise vorzutragen.

Auf den Gesang der Psalmen im Morgengebete wurde besonders viel Zeit verwendet. Von R. Schimschon, dem Verfasser des Werkes *Baruch sche-amar* (um 1375), wird erzählt, daß er in seiner Jugend täglich diesen Teil des Gebetes mit lieblicher Melodie vorgetragen habe, wovon er den Beinamen »Baruch scheamar« (so heißt der die Psalmen im Morgengebet einleitende Hymnus) erhalten habe. In Regensburg dauerte dieser Gesang am Sabbat eine Stunde lang. Isserlein pflegte vom Monat Elul an bis nach dem Versöhnungstage ebenfalls täglich fast eine Stunde auf diesen Gesang zu verwenden. Seine Jünger verließen deshalb die Synagoge bereits vor dem Lesen des Schma, worüber der Lehrer sie zur Rede stellte.

Bei der Kantilation der biblischen Akzente (*Trop* genannt, verwandt mit dem in der Kirchenmusik des Mittelalters gebräuchlichen *tropus*) unterschied man die des

Pentateuchs, die der prophetischen Bücher und die der Hagiographen. Außerdem hatten die Schulkinder noch eine besondere Kantilation für die Rezitation der Schriftverse vor dem Lehrer. In derselben Singweise, »Stubentrop« genannt, pflegte Maharil die Schriftabschnitte am Neujahr und am Versöhnungstage vorzutragen. Ebenso wird von einer besonderen Singweise des prophetischen Abschnitts in der Rheingegend berichtet.
Sollte der Gesang vorzüglich nur in dem synagogalen Gottesdienst an den Festtagen zur Ehre und Verherrlichung Gottes gehört werden, so führte er sich doch auch beim fröhlichen Mahle innerhalb des Familienkreises ein. Man sang an Festen und bei Hochzeiten religiöse Tischlieder in hebräischer Sprache, sang sie selbst bei Trinkgelagen, was aber mißfällig aufgenommen wurde. Einem Responsum aus dem Jahre 1221 ist zu entnehmen, daß die Sänger am Sabbat besonders präparierte Gewürze und rohe Eier aßen, um die Stimme zu kräftigen und angenehm zu machen.

Aber nicht allein hebräische Gesänge, sondern auch Lieder in der Landessprache, welche die Einheit Gottes priesen oder die Dreizehn Glaubensartikel zum Inhalt hatten, waren beliebt. Maharil tadelte diese Art von Liedern, weil die große Menge durch sie zu dem Irrtum verleitet werden könne, daß die Glaubensartikel allein das Wesen des Judentums ausmachen, während sie der Übung der Gebote nicht mit einem Wort Erwähnung tun. Ähnlich wie wir heutigentags daran Anstoß nehmen müssen, daß in manchen Religionsschulen oder im sogenannten Konfirmationsunterricht immer nur von den Zehn Geboten die Rede ist und hierdurch der gefährliche Irrtum genährt wird, als bildeten diese Worte nicht allein die Grundlage, sondern das ganze

Gebäude der Religion. Besonders hervorzuheben ist, daß solche Einheitsgesänge in gewissen Zeiten einen mächtigen Eindruck auf die christliche Umgebung ausgeübt haben, wie an der Wende des vierzehnten Jahrhunderts, zur Zeit des Königs Wenzel, wo Juden und Christen vereint dergleichen Loblieder zu Ehren des alleinigen Gottes in den Straßen Prags erschallen ließen.

Verschiedene handschriftlich vorhandene Sammlungen von Volks- und Gesellschaftsliedern in deutscher Sprache mit jüdischer Schrift erweisen den regen Anteil, den die Juden seit dem fünfzehnten Jahrhundert an der Pflege des deutschen Gesanges genommen haben. Viele dieser Lieder, hebräische wie deutsche, wurden, wie aus den Überschriften hervorgeht, nach fremden, mit dem Inhalt oft nicht im geringsten harmonierenden Weisen, gesungen. Manche dieser Melodien haben auch in die Synagoge Eingang gefunden.

Über zwei Liedersammlungen der vorgenannten Art sei hier noch einiges mitgeteilt: Die eine Handschrift, jetzt in der Stadtbibliothek zu Frankfurt am Main, enthielt ursprünglich dreiundvierzig Lieder, von denen aber nur noch fünfundzwanzig vorhanden sind. Sie ist von dem Toraschreiber Menachem Oldendorf aus Frankfurt am Main am 24. Kißlew 5277 (= 1516) vollendet worden. Ein hebräisches Gedicht von Jaakow ben Jekutiel aus Gelnhausen, wahrscheinlich mit dem gleichnamigen Neffen des Maharil identisch, behandelt die Normen für die Feststellung der Halacha bei abweichenden Meinungen. Dieses Lied soll, wie die Überschrift besagt, nach der Melodie »Herzog Ernst« gesungen werden, über die bei Liliencron (Die historischen Volkslieder der Deutschen, Nachtrag 1869, S. 57) Näheres zu finden ist. Ein anderes Lied (Nr. 22), vom Sammler selbst in hebräischer und deutscher Sprache nach der Melodie »Hoch rief der Wächter« verfaßt, wendet sich gegen die Goldgier mancher Leute. Ein hebräisches, äußerst gelungenes Klagelied über die Leiden des Lehrerstandes, von einem Schmuel ben Jaakow Chasan, ist in Nr. 31 enthalten. Aus älterer Zeit, nämlich aus der des R. Jaakow Weil, stammt Nr. 24, ein hebräisch und deutsch verfaßtes Sabbatlied von R. Selmelin in Erfurt, ebenfalls nach der Herzog-Ernst-Melodie. Auch vom Vater des erwähnten Selmelin, R. Jakar, wird in Nr. 25 ein ebenfalls zweisprachiges Sabbatlied mitgeteilt, welches kunstreich Bibelstellen in den Text verwebt. Die bereits ältere Literatur von Liedern, welche Wettstreite zum Gegenstande der dichterischen Bearbeitung machen, bereichert Nr. 28 mit einem Gedichte, welches den Wettstreit zwischen Wein und Wasser behandelt, von Schlomo Sfofer, der seinen Namen sowohl im hebräischen als auch im deutschen Teile akrostichisch zeichnet. Zur Kennzeichnung folge hier aus dem gegen das Spiel gerichteten Lied Nr. 29 von Schmuel ben Mosche Uri Hugerlin die erste und die letzte Strophe:

1. Mich haben ihr drei beraubt,
Ob ihr mir es nit glaubt,
So soll mir es der viert' bekennen,
Der es von mir hinwegen trug,
Wiewohl es nit was mein Zug.
Doch will ich ihn euch nennen,
Zwischen Weinheim und Bretheim [1]
Da ist mir es gar mißlungen,
Bei dem heißen Stein ward ich gar verdrungen,
Mein Geld, das wurd mir da zurieben
In den Dienst wurd ich getrieben,
Das ist mir winzig Ehr geblieben.

[1] Weinheim und Bretten im Badenschen, eine Anspielung auf Wein und Brettspiel.

15. Würfel, dein Lob ich preisen will,
Und desgleichen Kartenspiel,
Urlaub will ich euch beiden geben,
Ich hab mich nu recht bedacht,
Die Red, die ich hon vollbracht,
Darwider will ich nit streben,
Ihr sollt zu ganz Urlaub hon,
Mein Laster sollt ihr nit mehren,
Wenn niemt[1] mag vor euch bestohn
Ich will mich fürbaß bekehren,
Gänzlich in Gottes Hut,
So mag ich bleiben wohl behut,
Das geb mir Gott zu Gut.

Die andere Handschrift, welche jetzt im Besitze der Bodleiana in Oxford ist, enthält ein Schauspiel und vierundfünfzig Lieder, von denen zwölf von jüdischen Autoren stammen. Die übrigen Lieder, beinahe vier Fünftel der Sammlung, sind deutsche Volks- und Gesellschaftslieder, die meist dem Ausgange des sechzehnten Jahrhunderts angehören und zum großen Teile neue Fassungen bekannter Lieder bieten. Sieben Lieder dieser Sammlung aber, unter ihnen ein historisches, sind bisher noch an keiner anderen Stelle nachgewiesen. Die ganze Sammlung ist wahrscheinlich in Worms entstanden.
Auch die sogenannten Fahrenden des Mittelalters, diese leichten Zugvögel, welche als Handelsleute der geistigen und sittlichen Waren von Stadt zu Stadt zogen, findet man unter den Juden vertreten. Es sind die Schalknarren, mit der Mission, zu erheitern, die Freuden der Hochzeiten zu erhöhen und die schöne Kunst zu vertreten. Sie mißhandelten zuweilen auch Geige, Harfe und Flöte, waren geschickte Wortjongleure, Witzbolde, Reimschmiede. Man belegte sie mit dem Schimpfnamen »Li-

[1] = niemand.

zon«, das heißt Spötter oder Spaßmacher, in der späteren Zeit und in den östlichen Ländern nennt man sie »Marschalik« (von deutsch Marschalk = Schalk), und es ist bezeichnend für das geringe Ansehen, welches sie bei dem besseren Teile des Volkes genossen, wenn an den Rabbiner Chajjim Jair Bacharach (starb 1702) die Anfrage ergeht, ob ein geachteter Gelehrter, der zugleich Musik versteht, sich dazu hergeben dürfe, bei Hochzeiten Musik zu machen.

Wir hören übrigens einmal sogar von jüdischen fahrenden Spielweibern, die umherreisten, um bei Hochzeiten in ihrer Weise zu ergötzen und die Lachlust anzuregen. In Anbetracht des schlechten Rufes, den ihre christlichen Kolleginnen genossen, scheint eine Vergleichung zu ihrem Lobe auszufallen, wenn wir aus ihrem Verhalten bei dem tragischen Ende, welches diese jüdische Schar nahm, Schlüsse ziehen dürfen. Diese jüdischen Spielweiber wurden nämlich in einer Stadt festgehalten, unter die Bürger verteilt, die sie in jeder erdenklichen Weise quälten, sie auch gütlich zur Taufe zu überreden suchten, in welchem Falle sie Leben und Vermögen behalten sollten. Nur einige folgten diesen Überredungen, die nämlich durch die Flucht sich nicht retten konnten; sie kehrten aber bald zum Judentum zurück und mußten ihren Rücktritt mit dem Tode büßen.

Wir wenden uns nunmehr der Darstellung geselliger Vergnügungen zu: Das allgemeine Tanzhaus, welches wie die Zünfte so auch jede größere Gemeinde zum geselligen Vergnügen und zur Feier von Familienfesten besaß, vereinigte oft das junge Geschlecht zum Tanze, wobei die möglichste Pracht entfaltet wurde. Durften die jüdischen Mädchen hier ja ohne den mit zwei blauen Streifen kennbar gemachten Schleier erscheinen und die Herren ohne das Radzeichen am Gewande und den hornartig gekrümmten oder trichterartig geformten Hut auf

dem Kopfe! Dagegen sehen wir hier Frauen und Männer mit den beim Tanze unerläßlichen kostbaren Gürteln geziert – wer dergleichen nicht besaß, nahm zum Entleihen seine Zuflucht und zahlte die üblichen zwei Denare als Leihgeld. Hierbei ereignete es sich einmal, daß von einem solchen Galan, der mit dem erborgten Gürtel geschmückt war, eine junge Dame sich die Gefälligkeit erbat, ihr den Gürtel während des Tanzes zu überlassen, um einige Male an dem Umgang teilnehmen zu können (der damalige Tanz bestand vorzüglich in reihen- oder paarweisen Umgängen mit schleifenden, leisen Schritten), wofür der Herr allerdings einen sehr hohen Preis forderte, nämlich die Dame, unter Überlassung dieses Gürtels, als ihm in Gegenwart der Anwesenden angetraut erklären zu dürfen. Ob die Dame es nur als Scherz angesehen hat oder auch als Ernst – genug, sie erklärte sich einverstanden, und es entstand eine schwierige Aufgabe für die Gelehrten, über die Rechtmäßigkeit eines solchen Modus der Eheschließung schlüssig zu werden. Ein liebevoller Großvater wußte in seiner uns erhaltenen letztwilligen Verfügung für seine Enkelin nichts Besseres zu hinterlassen als zwanzig Wiener Pfund, damit sie einen recht schönen, reichbesetzten Gürtel sich anschaffen könnte.
Aus der schon erwähnten Oxforder Handschrift von Volks- und Gesellschaftsliedern in jüdisch-deutscher Schrift, welche etwa in den Jahren 1595 bis 1605 in Worms entstanden sein dürfte[1], teilen wir folgendes Tanzlied mit:

1. Jungfraulein, wolt ir nit mit mir ein tentzlein ton?
ich bitt, ir wolt mirs nit vor übel hon,
frölich muß ich sein,

[1] Siehe F. Rosenbergs vortreffliche Abhandlung in Geigers Zeitschrift für Geschichte der Juden in Deutschland II S. 240 u. ob. S. 61.

frölich muß ich sein,
dieweilen ich es hab und kann.

2. Euer zarter junger leib hat mich in lieb verwunt,
auch euer euglein klar, darzu euer roter mund;
schließt euer arme ein;
feins lieb, wol in die mein,
so wird mein herz gesund.

3. Nun tanzen wir den lieblichen reien
und wellen ⟨mit⟩ einander frisch frölich sein,
weil es geschicht
und in eren allein.

4. Wer will uns we⟨h⟩ren ein frölichen mut,
weil uns sulches das glück nit nemen tut?
schöne jungfrau, schöne jungfrau,
nemt also vür gut.

Die ersten beiden Strophen sind für den »umbgehenden Tanz« bestimmt, Strophe drei und vier aber für den Springtanz. Das Lied entstammt, wie viele andere in jener Sammlung, nichtjüdischen Vorlagen, bei denen der Sammler alle Stellen entfernt hat, die bei ihm als Juden Anstoß erregten, um die entstandenen Lücken durch Wendungen zu ersetzen, die jüdischen religiösen Vorstellungen nicht widersprachen.
Die Lust am Leben ging selbst in den drückendsten Zeiten nicht verloren, wie sich dies vorzüglich aus den Erholungen und Spielen ergibt, an denen sich die große Menge ergötzte. Tragen diese Spiele ganz das Gepräge des Heimatlandes, so bekunden sie hierin zugleich, daß in den Fällen, wo nicht gerade das Religionsgesetz sich strikt dagegen wandte, das außerjüdische Leben und das tägliche Beispiel trotz aller Abgeschlossenheit nicht wir-

kungslos blieben. Schon das »Buch der Frommen« (13. Jhdt.) hebt hervor, daß die Sitten der nichtjüdischen Umgebung großen Einfluß auf die Juden hatten. Ganz deutlich läßt sich das erweisen, wenn man an der Hand der allgemeinen Sittengeschichte die Klagen aus gewissen Zeiten und Gegenden prüft, welche in jüdischen Schriften über Verschlechterung der Sitten auch inmitten des jüdischen Kreises vernommen werden. Vorzüglich läßt sich der Einfluß von außen in der Leidenschaft des Spiels erkennen.

Das Würfelspiel, welches bei den Deutschen wie bei anderen Völkern sehr beliebt war, konnte sich bei den Juden allerdings nicht einbürgern. Man sprach einem gewerbsmäßigen Würfelspieler die Fähigkeit ab, glaubwürdiges Zeugnis abzulegen. Überdies erinnerte der Würfel an die fortwährenden Plackereien, denen die Juden in einzelnen Städten und Landschaften ausgesetzt waren. Sie mußten nämlich jedem Zollaufseher oder Zollknecht drei Würfel überreichen, wurden oft von den Lanzknechten mit der Forderung nach Würfeln angehalten und waren daher genötigt, immer Würfel mit sich zu führen, um dem oft gefährlichen Verlangen sofort Genüge leisten zu können. Aber das Kartenspiel war in jüdischen Kreisen seit der Zeit heimisch geworden, als nach dem Aufhören des großen Sterbens im Jahre 1349, des sogenannten Schwarzen Todes, eine ungeheure Vergnügungs- und Spielsucht die damaligen Menschen ergriffen hatte. Die Limburgische Chronik schreibt hierüber: »Darnach da das Sterben, die Geißel- und die Römerfahrt, die Judenschlacht ein Ende hatte, da hub die Welt an, wieder zu leben und fröhlich zu sein.« Die Gewalt der Leidenschaft wurde immer mächtiger, mächtiger als alle Verbote und Strafandrohungen der Behörden gegen das Spiel. Die Spieler selbst fühlten oft Reue über ihre leidenschaftliche Neigung und legten sich Strafen auf, wenn sie ihr Gelübde, nicht mehr zu spielen, brechen sollten. Oft wurden förmliche schriftliche Verhandlungen über solche Gelübde aufgenommen. Auch seitens der jüdischen Moralprediger wurde gegen das verderbliche Spiel geeifert; andere beriefen sich auf eine Stimme aus alter Zeit, die bereits empfohlen hatte, bei der Verurteilung des Spiels gelinder zu verfahren. So wie von seiten der Obrigkeit sehr häufig das Kartenspielen verboten und nur auf gewisse festliche Tage beschränkt wurde, so traf man auch jüdischerseits die Anordnung, daß nur an gewissen festlichen Tagen, an denen in dem Gottesdienst das Bußgebet ausfällt, das Spielen gestattet sei. Übertreter der Beschränkung wurden mit dem Bann *(Cherem)* belegt. Im Mainzer Gemeindebuch war bei einer solchen Gelegenheit das Wort *Cherem* absichtlich mit einem *Kaf* geschrieben worden, um so den etwaigen heimlichen Übertreter der himmlischen Strafe zu entziehen. Bezeichnend ist es, wie hierbei die Frage angeregt wurde, ob dann noch in der Nacht nach dem Schlusse des Chanukkafestes zu spielen erlaubt wäre. An den Mittelfeiertagen des Peßachfestes enthielten sich manche des Spiels mit Rücksicht darauf, daß die Karten aus doppeltem, daher mit Sauerteig zusammengeklebtem Papier beständen. An den Mittelfeiertagen des Laubhüttenfestes hielt man es für recht, nur in der Laubhütte zu spielen, was man aber später, als die Spielwut nicht mehr so mächtig war, als eine Profanierung der Laubhütte ansehen wollte. In den zehn Bußtagen sollte man nicht spielen, und von dem Frommen wurde erwartet, daß er das Spiel ganz meide. In den spielsüchtigen Zeiten konnten aber selbst fromme Gelehrte das Spielen nicht lassen, und sie nahmen auch keinen Anstand, selbst mit Apostaten zu spielen. Das Beispiel eines Spielers und Zechers aus dem genußsüchtigen fünfzehnten Jahrhundert führt uns Jaakow Weil in seinen Responsen (Nr. 135) vor.

Bei Hochzeiten und anderen Festlichkeiten wurde das Spielen ohne jede Einschränkung gestattet, desgleichen während einer Epidemie, um die Angst vor Ansteckung zu verscheuchen. Den Frauen war es erlaubt, bei einer Wöchnerin, allerdings erst vom zehnten Tag ihrer Genesung an, zu spielen, wie es überhaupt Sitte war, eine solche Frau fleißig zu besuchen und ihr die Langeweile zu kürzen. Spiele um Geldgewinn wurden zwar getadelt, aber gelinder beurteilt, wenn das Geld zu Genüssen an Festtagen verwendet werden sollte. So spielten auch die Frauen an den Neumondstagen, die im Mittelalter, namentlich von den Frauen, noch durch Arbeitsenthaltung und sabbatliche Kleidung ausgezeichnet wurden, um den Gewinn von Eiern.

Als eigentümlich jüdisches Spiel erscheint das Spiel mit Nüssen, das schon in talmudischer Zeit in Frauenkreisen sehr beliebt war. Wiewohl es am Sabbat nicht zulässig schien, war man später geneigt, den Frauen hierin eine Ausnahme zu gestatten. Spielten doch Mädchen sogar zur Vesperzeit des Versöhnungstages, allerdings nicht mehr wie in alter Zeit (Taanit 31) um Freier, wohl aber – um Nüsse zu gewinnen und hierbei die Mäßigung an den Tag zu legen, daß sie dieselben nicht genossen. Das Nußspiel war aber auch bei Männern beliebt, die Geld einsetzten, das aber nach einem älteren Entscheid dem Verlierenden wieder zurückgegeben werden mußte. Man unterschied im Nußspiel eine zweifache Weise; bei der einen, nicht näher bekannten, benutzte man den Boden eines großen Maßgefäßes, das Krotel[1] genannt wurde. Die andere Art war die, daß ein Nußhaufen von einer Nuß getroffen und umgeworfen werden mußte. Man nannte das Spiel *vlede,* eine deutsche Bezeichnung, welche noch nicht erklärt ist; die entsprechende französische

[1] Nach Schmeller, Bayerisches Wörterbuch II S. 399 ein altes Salzmaß, das vier Scheiben hat.

Benennung wird mit la pourcel (»Wurfspiel«) wiedergegeben.

Wie gegen das Kartenspiel, so wurde auch gegen das Wetten geeifert. Von Spielen, mit denen ein Gewinn verbunden war, werden noch erwähnt: das Spiel »Ganz oder halb«, das Reisende bei den Grönländern wiederfanden, ferner das Losspiel »Rück oder Schneid«, bei dem ein Messer gebraucht wurde. Am meisten geehrt war und erhielt sich in Ansehen das Schachspiel, welches im Mittelalter vielfach besungen, zu einem Bilde der Regierung gemacht und als Spiegel für Zucht und Lebensweisheit dargestellt wurde. Erst später verboten es spanisch-türkische Gelehrte und wollten es nur noch als Mittel gegen die Melancholie gestatten. Zu den Unterhaltungen gehörte auch das Rätselraten, das man vorzüglich an den freien Abenden des Chanukkafestes pflegte; man stellte aus einer neu gebildeten Reihenfolge der Buchstaben des Alphabets oder nach ihrem Zahlenwerte eine Rätselschrift her, um damit den Namen einer Person aus der Gesellschaft oder auch die Zahl der an jedem Abend anzuzündenden Lichter anzudeuten. Auch biblische Stellen oder halachische Sätze verwandte man hierzu. Diese Art von Scherz- und Rätselschrift ist jedenfalls eine Nachbildung der seit dem dreizehnten Jahrhundert auch in der deutschen Literatur auftretenden Rätselpoesie. Allerdings setzte ein solches Unterhaltungsmittel die Vertrautheit mit den biblischen oder talmudischen Stellen voraus. Als angemessenes Unterhaltungsmittel wurde auch das Spiel mit Versen aus der Schrift empfohlen in der Weise, daß einer eine biblische Stelle hersagte, mit deren Schlußwort ein anderer eine neue Schriftstelle beginnen mußte und so fort. In dieser Weise sollte einerseits für verpönte Spiele ein Ersatz geboten, anderseits in unterhaltender Weise die Vertrautheit mit der Heiligen Schrift gefördert werden. Weniger als Unterhaltungsmittel, denn als Versuch der Zukunftsbefragung erscheint die Benutzung der Schrift vor dem Beginne eines Unternehmens. So wie die Römer in schweren Lebensmomenten Vergil aufzuschlagen und die Stelle, auf die der Blick fiel, als Schicksalsspruch zu betrachten pflegten, schlug man hier die Bibel auf und deutete das erste Wort des Blattes, welches das Auge erfaßte, als Antwort auf die Frage. Einen solchen Gebrauch (unter der Bezeichnung *sortes sanctorum*) findet man bei Christen bereits vor dem achten Jahrhundert. Die Befragung von Losbüchern, welche die Zukunft vorhersagen sollen, indem durch das Los in jedem gegebenen Falle aus dem Vorrat der in dem Buche enthaltenen Orakelsprüche der rechte angezeigt wird, scheint in den jüdischen Kreisen Deutschlands erst mit dem Beginn des sechzehnten Jahrhunderts beliebt zu werden. Wenigstens sind jüdische Losbücher aus einer früheren Zeit bisher nicht bekannt geworden.

Diesen von der Umwelt her in das jüdische Leben eingedrungenen Unterhaltungen und Spielen stehen andere gegenüber, die, weil sie mit der jüdischen Anschauung durchaus nicht vereinbar waren, Raum und Geltung im jüdischen Kreise nicht erringen konnten. Schon in talmudischer Zeit galten Theater, Zirkus und ähnliche Lustbarkeiten für wertlose Beschäftigung müßiger Köpfe, auf die der erste Vers der Psalmen anzuwenden sei. Wer im »Stadion«, das heißt in der Rennbahn für die häufig blutigen Wettkämpfe, sitzt, der gilt selber als Blutvergießer. Hetzjagden und Tiergefechten auch nur als Zuschauer beizuwohnen, war zu allen Zeiten verpönt. Viel weniger war es gestattet, daran teilzunehmen; man sprach dem Teilnehmer den Anteil am künftigen Leben ba. Nur die Rücksicht darauf, daß durch die Anwesenheit bei den Kämpfen im Stadion die Rettung eines zum Kampfe verurteilten Juden bewerkstelligt werden könnte,

ist nach einer im Talmud ausgesprochenen Meinung bedeutsam genug, um dieselbe zu gestatten. Ein mittelalterlicher Autor motiviert die Erlaubnis, einem Wettrennen beizuwohnen oder im Zureiten der Pferde sich zu üben, damit, daß man in Zeiten der Gefahr leicht zu Pferde sein müsse, um rasch entfliehen zu können.
Das Beispiel eines unverbesserlichen Pferdeliebhabers aus dem fünfzehnten Jahrhundert wird uns durch Mosche Menz in seiner Responsensammlung (Nr. 73) aufbewahrt. Hingegen dürften wir das Beispiel eines jüdischen Jagdliebhabers wohl vergeblich suchen, wenigstens zu einer Zeit, in der sich die Ansicht geltend machte, daß man bei der Anschaffung eines Pelzes oder neuer Stiefel den sonst bei neuen Kleidungsstücken üblichen Glückwunsch unterlassen solle, weil da immer die Tötung eines Tieres vorausgesetzt werden müsse, Gottes Liebe aber sich über alle seine Geschöpfe erstreckt. Die Treibjagd mit Hunden war bei den Juden ganz und gar verpönt. Erst bei Schudt (Denkwürdigkeiten 1714, I. 395) hören wir, daß der Graf von Hohenlohe-Oehringen seine jüdischen Untertanen »zu Jagdarbeiten employiren läßt«. Im Responsenwerk des R. Jecheskel Landau (1713–93) lesen wir zwar von einer an ihn gerichteten Anfrage, ob ein Jude sich gestatten dürfe, das Vergnügen der Jagd zu genießen, erfahren aus Landaus Antwort aber zugleich sein Befremden darüber, wie ein Nachkomme Abrahams, Isaks und Jaakobs an der Beschäftigung Nimrods und Esaus Gefallen finden könne. Die legendäre Mitteilung im Maßebuch, daß R. Jehuda der Fromme (um 1200) bis zu seinem achtzehnten Lebensjahre ein Jagdliebhaber gewesen sei und nichts anderes getan habe »als mit Armbrust und Pfeilbogen zu schießen« und erst durch die eindringlichsten Vorstellungen seines Vaters dahin gebracht worden sei, der Jagd zu entsagen und sich dem Torastudium zuzuwenden, ist selbst als Sage cha-

rakteristisch genug, um die schroffen Gegensätze zu kennzeichnen, die in der Metamorphose R. Jehudas sich kundgeben sollen.

Dagegen werden wir die Juden nicht selten in der Führung von Waffen geübt und tüchtig finden. War es den Juden auch im allgemeinen verboten, Waffen zu führen, so finden sich doch vereinzelte Spuren, daß sie durch Streitbarkeit und kriegerische Tüchtigkeit ihren christlichen Zeitgenossen Achtung abgewannen. Näheres hierüber hat Karl Seifart in einem Aufsatze »Streitbare Juden im Mittelalter« (in der Zeitschrift für deutsche Kulturgeschichte, 1857) mitgeteilt. Wir ergänzen die dortigen Angaben mit dem Hinweis auf die böhmischen Juden, von denen berichtet wird, daß sie stets bewaffnet einhergingen, die spanischen Juden, die im Fechtspiel sich übten, mit dem König und seinem Heere in den Kampf zogen, die Wormser Juden, welche, als die Stadt feindlich belagert wurde, gemäß der Entscheidung des R. Eleasar selbst am Sabbat die Waffen ergreifen durften, um der Bürgerschaft Beistand zu leisten, die Kölner Juden, denen ein Teil der Festungswerke zur Verteidigung der Stadt überwiesen wurde, und die 1252 bei der Belagerung der Stadt, durch Erzbischof Konrad, auf der Stadtmauer postiert, die Bürger in der Verteidigung der Stadt tapfer unterstützten. Kampfspiele zu Pferde bei der feierlichen Einholung des Bräutigams, wobei es nicht selten zum Zerreißen der Kleidung oder zur Verwundung der Pferde kam, waren bei den französischen und spanischen Juden wie bei der dortigen christlichen Bevölkerung Sitte.

ZU ALLEN ZEITEN HAT, MEHR ODER MINDER, DIE Sünde des Aberglaubens geherrscht und sein Wahn die Menschen gefangengehalten. Noch heute wuchert der Aberglaube als ein Giftbaum, und unter seinem dunklen Schatten bergen sich Juden und Christen, Gebildete und Ungebildete, Gläubige und Ungläubige. Die jüdische Lehre verbietet jeden Aberglauben, da er immer die Leugnung einer sittlich freien göttlichen Weltordnung und Waltung involviert und die sittlich freie Tätigkeit des Menschen hemmt, die Gott hinsichtlich ihrer Ziele, ihrer Zulässigkeit oder sittlichen Notwendigkeit lediglich auf Sein Gesetz, hinsichtlich der Ausführbarkeit auf die von Ihm verliehene vernünftige Einsicht hingewiesen hat.

Im Pentateuch und bei den Propheten wird die Tagewählerei und das Zeichenbefragen immer wieder gebrandmarkt und verwiesen, in talmudischen Quellen derartiges Tun als heidnisch bezeichnet. Während aber auf der einen Seite Bräuche und Gewohnheiten als heidnischer Aberglaube abgewiesen werden, dringen auf der anderen nicht minder unberechtigte Elemente ein und erringen sich Raum und Geltung. Die herrschende Neigung machte dem Glauben und seinen Gewohnheiten ein Zugeständnis, und selbst berühmte Gesetzeslehrer konnten ihr zuweilen nicht ganz entsagen und ihrem Einflusse sich nicht entziehen. Auch bei den Kasuisten zeigt sich ein solches Schwanken im Für und Wider bei der Abwägung der Zulässigkeit dieses oder jenes Brauches; aber auch die manches gestatten, unterlassen es nicht hinzuzufügen: »Wer aber seine Seele vor Irrtum bewahren will, wird sich hiervon fernhalten.« Vorbildlich bleibt hierin Maimonides, der die Aussprüche Einzelner im Talmud unberücksichtigt läßt und denen folgt, die mit ihren Lehren dem Gebote der Schrift näherstehen. Indem er Beispiele verbotenen Aberglaubens behandelt *(Hilchot*

Akkum XI, 11), schließt er mit den klassischen Worten: »Alle diese Dinge sind eitel Lug und Trug, womit die Völker sich irre führen. Israel aber sollte ein weises Volk bleiben, sich fern von solchem Spuk halten, der nicht nützt und nicht schützt ... Wer an derartige Dinge glaubt und denkt in seinem Herzen, sie seien zwar wahr und in Weisheit begründet, nur daß die Tora sie eben verboten habe, gehört zu den Unvernünftigen, zu den Kindern, deren Verstand nicht ausgebildet ist. Die Einsichtsvollen und Weisen dagegen werden gewiß einsehen, daß all dieses in der Tora Verbotene nichts von Weisheit in sich hat, vielmehr nichtig und wertlos ist und die Menschen vom Wege der Wahrheit abführt.« Noch aus anderen hierhergehörigen Äußerungen des Maimonides im Kommentar zur Mischna und im More Newuchim (III, 37) geht zur Genüge hervor, daß er alle jene Mittel für nutzlos und ihre Anwendung für sündhaft hält, wie er auch vor den Amulettenschreibern warnt und sie als Verrückte bezeichnet. An der Seite eines solchen Gewährsmannes (von dem allerdings R. Elija Gaon bei dieser Gelegenheit sagt, er sei hierin der Anschauung gefolgt, welche die verfluchte Philosophie in ihm erzeugt habe) können wir nunmehr um so mutiger kritisch an Einzelheiten im Kapitel des Aberglaubens herantreten, um auf ihre Entfernung aus unserer Mitte zu drängen. Hierbei sollen nur solche Fälle des Aberglaubens angeführt werden, welche entweder in jüdischen Schriften erwähnt werden oder im jüdischen Volksleben Aufnahme gefunden haben.

Wir hatten schon Gelegenheit zur Erwähnung der abergläubigen Einschätzung des Dienstags als Glückstag, besonders für Hochzeiten, welche von den Deutschen übernommen und erst nachträglich mit einem jüdischen Mäntelchen umkleidet worden ist, indem man auf das zweimalige *ki tow* (daß es gut sei) im biblischen Be-

richt vom dritten Schöpfungstage pochte. Eine minder bekannte Tagwählerei betrifft den Montag und den Mittwoch. Der Verfasser des Sohar (13. Jhdt.) und R. Josef Karo (16. Jhdt.) kennen den abergläubigen Brauch, daß man am Montag und Mittwoch keine neue Arbeit beginne; es wird dies auf einen nachteiligen astrologischen Einfluß des Mondes an diesen Tagen zurückgeführt, wovon nur die kabbalistischen Schriften etwas wissen. Zum Glück hat dieser Aberglaube keine Verbreitung gefunden; aber daß hier ein Rest heidnischer Anschauung enthalten ist, beweist der allgemein verbreitete Glaube, daß am Montag nichts unternommen werden dürfe, was dauernd sein soll; denn es würde, wie der Mond, nicht wochenalt. Montags Anfang hat keinen guten Fortgang, sagt man im Oldenburgischen. Den Dieben aber sei dieser Tag günstig; der Mond heißt »Diebessonne«. Auch der Mittwoch ist ein Unglückstag; es ist Wotans Tag und hat Beziehung auf Sturm und Ungewitter. Nichts, was von Dauer sein soll, darf an ihm begonnen werden.
Daß man den Brauch habe, Hochzeiten an den Tagen während des Vollmonds zu machen, wird von Josef Karo erwähnt und bereits früher von Nachmanides in einem Gutachten verteidigt. Es sei dies nicht als heidnische Sitte anzusehen; es sei vielmehr ein Symbol, ein gutes Vorzeichen, wie man dergleichen viele habe, so zum Beispiel die Salbung von Königen an einer Quelle. Es ist aber die Beachtung der Mondzeiten eine der volkstümlichsten, uralten, durch alle Völker hindurchgehenden Gestalten des Aberglaubens. Alles, was zunehmen soll, geschieht bei zunehmendem Monde, alles, was abnehmen soll, bei abnehmendem. Hier mag immerhin etwas Reales zugrunde liegen; denn daß der Mond wirklich einen Einfluß auf das Leben der Pflanzen und Tiere, also auch auf das leibliche Leben der Menschen habe, wird man nicht durchaus bestreiten können. Daß man mit dem

Lernen eines Talmudtraktats am ersten Tage des neuen Monats beginne, wird zwar ebenfalls für ein günstiges Anzeichen gehalten; allein ein Gesetzeslehrer gibt hierfür einen natürlicheren Grund, weil man auf das Eintreffen der jungen Studierenden von außerhalb warte.
Nach anderen Richtungen hin hat man im Talmud wie bei den Kasuisten dem Volksglauben und seinen Gewohnheiten wirklich Zugeständnisse gemacht. Gibt es auch keine Ahnung, so gibt es doch Anzeichen, wird einmal gesagt. Eine zufällige Begegnung, eine absichtslos hingeworfene Äußerung könne wohl für das Gedeihen eines Unternehmens beachtet werden. Es wird hierbei auf das Beispiel Eliesers und Jonatans in der Bibel hingewiesen. Auch werden zufällig gesprochene Bibelverse, die in irgendeiner Weise mit dem, was eben interessiert, in Verbindung gesetzt oder gedacht werden können, beachtet.
Das Reich des wirklichen Aberglaubens ist sehr groß, und es wird schwer werden, auch nur eine kleine Auswahl zu treffen und sie in ein System zu bringen. Es mögen daher nur einige Beispiele in bunter Auswahl folgen.
Um in den Kriegen vor Pfeilen oder Büchsenkugeln und jeder Waffenverletzung freizubleiben, zogen die Alten, auch Kaiser und Fürsten, das als sicherer Schutz gepriesene »Nothemd« an. Selbst die Gebärenden bedienten sich des Nothemdes, damit sie schneller und sicherer entbinden. Die Art es zu fertigen war nicht weniger abergläubisch als seine Benutzung; in der Christnacht mußten Mädchen von anerkannter Keuschheit den Faden aus Flachs in des Teufels Namen spinnen, wirken und zusammennähen. An die Brustseite des Hemdes wurden zwei Knöpfe eingenäht, von denen dem rechten ein langer Bart herunterhing und oben ein Helm aufsaß, der linke aber widerborstig war und eine Kopfbedeckung hatte wie ein Teufel. Die Seiten beider Köpfe waren mit je ei-

nem Kreuze versehen. An Länge bedeckte das Nothemd mit Ärmeln den Mann vom Hals an bis herab zu der Mitte des Leibes. Einmal findet sich dieser Aberglaube auch in einer jüdischen Quelle erwähnt, nämlich im *Leket Joscher*, einer gegen das Ende des fünfzehnten Jahrhunderts von R. Jehuda Obernik zusammengetragenen Kompilation. Er erzählt: Als ihm sein Sohn Seligmann geboren wurde, habe er ihm ein leinenes Hemd anfertigen lassen, das man Nothemd nenne und von dem allgemein behauptet werde, daß man, mit einem solchen Hemde bekleidet, vor Überfall und Gefangennahme gesichert bleibe, wiewohl es bei ihm selbst sich nicht als probat erwiesen habe, da er trotz seiner Anwendung einmal festgehalten worden sei und nicht vermuten könne, daß das betreffende Hemd vertauscht worden sei. Das Hemd hatte die Form eines Quadrats und in der Mitte ein Loch, so daß R. Schlomo Spira daran Schaufäden aus Leinen befestigte. Als aber der Gaon, nämlich sein Lehrer Jißrael Isserlein in Wiener-Neustadt, dies sah, habe er den Kopf darüber geschüttelt. Dieser Lehrer war dem Aberglauben seiner Zeit nur in gewisser Auswahl zugeneigt; eine schöne Probe seiner Entschlossenheit verdient erwähnt zu werden: Als einst ein Geistlicher nach Neustadt kam – vermutlich war es der bekannte Franziskaner Johann von Capistrano, der Schrecken der damaligen Juden, dem 1451 in Neustadt als einem großen Propheten und Wundermann gehuldigt wurde – und in seiner Predigt ankündigte, er wolle Wunderdinge verrichten, ließ Isserlein erklären, er wolle dem Priester, so dieser durchs Feuer ginge und unversehrt bliebe, sofort nachfolgen, vorausgesetzt, daß der Kaiser selber darauf achte, daß die Christen nicht in irgendeiner Weise Betrug dabei spielen lassen. Der Mönch habe sich hierauf bald aus dem Staube gemacht, er sei noch in derselben Nacht aus der Stadt verschwunden.

Einen deutlichen Berührungspunkt mit einem christlich-heidnischen Aberglauben hat der in jüdischen Quellen erwähnte, daß, wer in der Nacht des Hoschana Rabba den Schatten seines Kopfes nicht sehe, im Laufe desselben Jahres sterben werde. R.Mosche Isserles (16. Jhdt.) schreibt: Manche glauben, in dieser Nacht aus dem Schatten des Mondes ihr Schicksal oder das ihrer Familie herauslesen zu können, wer aber, nach dem Ausspruch der Schrift, ganz sein will mit seinem Gotte, der halte sich von dergleichen fern. Das Buch der Frommen erzählt, einer habe in der Hoschana Rabba-Nacht den Schatten seines Kopfes nicht gesehen, habe darauf aber samt seinen Freunden viele Tage gefastet und reichlich Almosen gegeben und dadurch sein Leben wieder verlängert, im Sinn des Spruches: Wohltun rettet vom Tode.

Auch der Zuruf *Marpe*! (Heilung!) an den Niesenden, dessen Ursprung bereits Aristoteles und Plinius nicht mehr anzugeben wußten, wird in der Toßefta *Schabbat* als heidnische Sitte bezeichnet. Es muß dieser Zuruf nicht als ganz unschuldig gegolten haben, vielmehr eine heidnische Anschauung damit verknüpft gewesen sein, die noch eine Reminiszenz in dem auch in ganz Deutschland verbreiteten Aberglauben findet, daß durch den Zuruf »Gott helf dir« beim Niesen Geister erlöst werden. Aus anderen Quellen ist auch der Zuruf *Chajiim towim* (gutes Leben!) an den Niesenden bekannt. In den Midraschim wird er mit der Erzählung motiviert, daß bis auf den Erzvater Jaakob kein Mensch irgendeine Krankheit gekannt habe, und, wenn sein Lebensende eintreten sollte, nur nieste und sofort auf der Stelle tot war. Erst Jaakob habe es im Gebet von Gott erlangt, daß der Mensch nicht so plötzlich sterbe, sondern vorher Zeit gewinne, sein Haus zu bestellen, wie es in der biblischen Erzählung auch bei seinem Tode zum ersten Male heiße: »man sagte dem Josef, daß sein Vater *krank* sei«. Von da ab sei es Sitte geworden, jedem Niesenden zuzurufen: Zur Gesundheit! oder: Zum Leben!

Der Glaube von der nachteiligen Einwirkung des bösen Blickes oder des bösen Auges war sowohl im Orient, als auch bei den Römern und Griechen verbreitet, wie er ja auch heutzutage noch bei den verschiedensten Völkern herrscht, und Schutzmittel gegen den bösen Blick bei ihnen bekannt sind. Auch im Talmud finden sich viele Bemerkungen über die Folgen des bösen Auges, *Ajin ra*. Für ein Schutzmittel gegen die Wirkungen des bösen Blickes wie gegen sonstige Verzauberungen wurde bei allen indogermanischen Völkern Ausspucken erachtet. Dieses Mittel findet sich auch im Talmud. Folgendes wird erzählt: Rabbi Meir saß und lehrte, und unter seinen Zuhörern befand sich eine wißbegierige Frau, die den Lehrsaal nicht verließ, ehe der Vortrag beendet war. Der Ehemann, über das lange Ausbleiben seiner Gattin erbost, verwehrte ihr den Eintritt in das Haus, es sei denn, daß sie vorher umkehrte und vor dem Angesichte des Rabbi ausspuckte. Eine Nachbarin nahm sich der Verlegenheit des armen Weibes an, führte die Schüchterne in den Lehrsaal zurück, wo der sanfte und wohlwollende Rabbi noch im engeren Kreise seiner Schüler weilte. Von dem Vorgang bereits unterrichtet, kam er dem geängstigten Weib mit der Frage entgegen, ob sie nicht geneigt wäre, ihm ein böses Auge zu besprechen – das heißt: die Folgen eines bösen Blickes nach dem gewöhnlichen Verfahren abzuwenden –, weil bei solchen Besprechungen in herkömmlicher Weise einige Male ausgespuckt werden mußte. So wollte er ihr den peinlichen Auftrag, den sie zur Beruhigung ihres Gatten erfüllen mußte, erleichtern. Aber die fromme Seele war keiner Lüge fähig. »Ich verstehe mich auf Besprechungen nicht, verehrter Rabbi!« war ihre naive Antwort. Spucke nur siebenmal aus, sagte der Rabbi, es wird mich schon heilen! Als die Frau dann diesem Wunsche nachgekommen war, fuhr er fort: »Und jetzt sage deinem Manne, daß du mehr geleistet hast, als er verlangt hat; er befahl dir, einmal auszuspukken, und du hast es siebenmal getan.« Als weiteres Schutzmittel gegen das böse Auge wird im Talmud empfohlen, den Daumen der rechten Hand mit der linken, und den Daumen der linken Hand mit der rechten zu fassen und dabei die Worte zu sprechen: Ich N. Sohn des N. bin von den Nachkommen Josefs, denen böse Augen nicht schaden. Eines ähnlichen Mittels bedienten sich noch in jüngster Zeit die Italiener, sie brachten es besonders dem Papst Pius IX. gegenüber zur Anwendung, dem die behexende Kraft des bösen Auges zugetraut wurde. Auch im Talmud ist die Auffassung bekannt, daß ein Mensch bei einer gewissen Beschaffenheit des Auges auch gegen seinen eigenen Willen Schaden anrichten könne; daher wird denjenigen, welche die Furcht anwandelt, mit ihren eigenen Augen Unheil zu stiften, der eigentümliche Rat erteilt, die Augen anhaltend auf ihren linken Nasenflügel zu richten, um so ihren Blick gezähmt zu halten. Beschwörungsmittel gegen das böse Auge bringen die jüdischen Handschriften des Mittelalters in reicher Auswahl; vieles davon ist auch in Druckwerke übergegangen. Man trug auch Talismane gegen den bösen Blick. Das waren rote, mit Korallen gezierte Schnüre, die man um den Hals band. Über ihre Verwendung sind wir auch aus jüdischen Quellen unterrichtet, weil sich die Frage erhob, ob diese Halsschnüre am Sabbat getragen werden dürfen, da am Sabbat ja ein Trageverbot besteht. Die Frage wird dahin beantwortet, es sei nur in dem Falle gestattet, wenn der Talisman von einem hierin erprobten und bewährten Sachverständigen angefertigt worden ist.

Eine eigentümliche, überaus häufige Form des Zauberns durch Worte ist das Berufen, gewissermaßen der in Worte übersetzte böse Blick. Es geschieht einfach dadurch, daß man einen Menschen oder ein Tier wegen seiner Gesundheit, Schönheit, Kraft oder sonstigen guten Eigenschaften lobt; dadurch bewirkt man, auch ohne es zu wollen, das Gegenteil des Ausgesprochenen, also auch dann, wenn das Lob aus guter Meinung geschieht; man kann sich daher auch selbst berufen. Man schützt sich, indem man lobenden Worten, die man hört oder spricht, den Ausspruch *unberufen* oder *unbeschrien* nachsetzt. Von vielen anderen Mitteln, die allgemein bekannt sind, ist dieses besonders bei den Juden beliebt, so daß mancher glaubt, seine Anwendung sei eine gut jüdische Übung. Geisterbeschwörungen und Wundenbesprechungen sind vielfach der römischen Heidenwelt entlehnt. Die Mischna *(Sſanhedrin)* spricht demjenigen, der eine Wunde bespricht, den Anteil am ewigen Leben ab, und die nachfolgenden Autoritäten erklären diesen Brauch geradezu für Götzendienst. Doch urteilen andere wiederum milder, und im Mittelalter berief man sich auf diese milderen Auffassungen, um den im Volke herrschenden Brauch zu entschuldigen. So schreibt der Verfasser der *Orchot Chajjm:* Wer von einer Schlange oder einem Skorpion gebissen worden ist, dessen Wunden darf man sogar am Sabbat besprechen lassen, damit der Kranke dadurch Beruhigung finde, obgleich dieses Mittel an sich nicht hilft. Derselbe Verfasser will auch einen Unterschied zwischen Dämonenbeschwörungen und sonstigem Zauberwerk machen, um jenes zu gestatten, dieses aber nicht. In gleicher Weise unterscheidet auch Elieser aus Metz, der Verfasser des Buches Jereïm, und fügt hinzu: Alle Einsichtigen müssen den Zauberspuk verurteilen, der sich im Volke verbreitet findet und die Erlösung Israels aus dem Exil aufgehalten hat. Rabbi Awigdor gestattet es hingegen, Kopfschmerzen selbst am Sabbat zu besprechen und hierbei den Kopf zu messen, wie es die Frauen zu tun pflegen. Er selbst hatte eine solche Besprechung von einer Frau erlernt und sie bei seinem Lehrer angewendet, als er eines Sabbats an Kopf- und Augenschmerzen litt.

Wer Salz und Brot bei sich trägt, ist vor Zauber sicher – so lautet der Volksglaube. Daher trägt man, wenn man eine neue Wohnung bezieht, ein Brot voran; man glaubt so des täglichen Brots sicher zu werden.

Stahl ist (nach Grimm) ein hochwertiges Zaubermittel, schützt daher vor Behexen, vor Krankheit, besonders aber vor dem Blitz. Hierin liegt der Grund, daß man in manchen Gegenden dem Bräutigam, bevor er seinen Gang zum Trauhimmel antritt, wo er der Gefahr, behext zu werden, am meisten ausgesetzt ist, Stahl in die Tasche steckt.

Eine Fülle abergläubischer Bräuche hat sich besonders im Zusammenhang mit Tod und Begräbnis eingeschlichen, und gerade bei deren Erfüllung wird eine große Ängstlichkeit entwickelt. Nur auf einen davon sei hingewiesen: Während der deutsche Aberglaube gebietet, dem Sterbenden das Kissen unter dem Kopfe fortzuziehen, damit der Tod beschleunigt werde, gilt es bei uns fast wie ein Mord, in der letzten Stunde am Kranken irgendwie zu rühren, weil dadurch der Tod, wenn auch nur um einen Augenblick früher, herbeigeführt werden könnte!

Während es in späteren Zeiten eher vorkam, daß sich Juden bei Beschwörungen der Christen bedienten, war in früherer Zeit das Umgekehrte der Fall. Die Juden wurden von ihrer Umwelt für solche gehalten, die viel »verstehen«, und man gebrauchte sie daher, damit sie Felder einsegnen, das Wetter besprechen, Amulettzettel anfertigen. Ja, in Ostpreußen empfiehlt man, Eier vor dem Bebrüten in eine Mütze, am besten in die eines Juden, zu legen. Den Judenblick hielt man für fähig, Vieh zu behexen. Einem Juden des Morgens zu begegnen, bringt großes

Unglück, so glaubt das Volk in Ostfriesland, und wenn ein Jude der erste ist, der am Montag das Haus betritt, so gibt es einen Prozeß (wie man in Franken glaubt), und guckt ein Jude auch nur zum Fenster herein, so ist die ganze Woche unglücklich, glaubt man im Erzgebirge. Kälber, welche aufgezogen werden sollen, müssen vor jedem Judenblick behütet werden, sonst gedeihen sie nicht, so lautet die Lehre in Schesien und am Hunsrück. Im Schwabenlande und in der Oberpfalz gilt, daß man ein Haus vor Feuer schützt, wenn man einen »Judenmatz« darin aufbewahrt. Dies mag mit dem Brauch zusammenhängen, daß man von der dritten Mazza am Sſederabend ein Stück bis zum folgenden Jahre aufbewahrt, wofür sich übrigens in jüdischen Quellen gar kein Anhalt findet. Die Juden selbst werden die Christen in ihrer Annahme bestärkt haben, damit man sie fürchte und unangefochten in ihrer Ruhe belasse; sie wollten ihren Ruf rechtfertigen und wandten sich daher vielfach dem traurigen Geschäft von Besprechungen, Beschwörungen und dergleichen zu. So berichtet der jüdische Orientreisende Petachja aus Regensburg (12. Jhdt.), daß vorzüglich die Juden in Griechenland auf Beschwörungen sich verständen, was auch Ahron ha-Kohen aus Lünel, Nachmanides und Schlomo Adret von den Frommen Alemaniens, Schimon ben Zemach Durans von den Frommen Deutschlands berichten. Es fehlt andrerseits nicht an Stimmen von jüdischer Seite, die sich gegen diese Sünde erheben. Das Buch der Frommen, das in seiner uns vorliegenden Überarbeitung manchen Aberglauben verbreitet oder sanktioniert hat, enthält in dem älteren Teil folgende Warnung: Wer sich mit Beschwörungen von Engeln oder Dämonen oder mit geheimen Zaubereien abgibt, dem wird kein gutes Ende zuteil werden. Er wird Böses erfahren an seinem Körper oder an seinen Kindern sein ganzes Leben hindurch. Darum halte sich ein Jeder davon fern, vermeide Traumgesichte, aus denen er erfahren möchte, welches Mädchen er heiraten soll oder in welcher Weise man immer Glück haben könne. Viele haben zu dergleichen Zaubermitteln ihre Zuflucht genommen, sind aber arm geworden, haben ihren Glauben gewechselt, und sie oder ihre Kinder sind in Krankheiten verfallen. Nur zu Gott allein soll man beten; man spreche auch beim Ausgehen nicht die Formel zur Beschwörung der Engel, sondern bete zum gnädigen Gotte allein.

Aber alle die Stimmen der Vernunft verhallten und verhallen noch, wo man auf der einen Seite Aberglauben für Religion hält und auf der anderen Seite der Aberglaube neben Freigeisterei oder trotz derselben sich ausbreitet. Die Reste heidnischer Anschauungen sind sehr alt, und die hierauf beruhenden, fast in allen Fällen aus außerjüdischem Kreis übernommenen Lebenssitten sehr verzweigt.

WAS DIE BESCHÄFTIGUNG DER JUDEN DEUTSCHlands im Mittelalter betrifft, so gilt es zuvörderst, zwei irrige Meinungen zu berichtigen. Während man nämlich in manchen jüdischen Kreisen anzunehmen geneigt ist, daß die damaligen Juden vorzüglich und zum größten Teile den gelehrten Studien des Talmuds und anderer frommer Schriften ergeben waren und ein beschauliches Leben damit verbanden, denkt man sich in nichtjüdischen Kreisen die Juden jener Zeit als reiche Geldwucherer, die in der Anhäufung von irdischem Gute ihren Beruf und ihr Streben fanden. So wenig aber der größte Teil aus frommen Gelehrten bestand, wie nur wenige über das Maß des elementaren Wissens hinausragten und von diesen wiederum nur einzelne in Lehre und Leben sich so hervortaten, daß sie die Führerschaft ihrer Zeit errangen und sich darin behaupteten, ebensowenig war der Teil groß, der Reichtümer besaß, um damit Wucher treiben zu können. Hervorstechender großer Reichtum war überhaupt selten, wie Oelsner (in den Österreichischen Geschichtsquellen, Band 31, S. 70) nach verschiedenen Zusammenstellungen von Summen, die von Juden geliehen worden sind, näher dartut. Auch was Kriegk (Bürgerzwiste, S. 437) von Darlehen der Frankfurter Juden mitzuteilen weiß, wird jedenfalls, selbst im Verhältnis zum heutigen Geldwerte, auf einen allgemeinen Reichtum der Juden in jener Zeit nicht schließen lassen. Daß das Streben nach Geld und Gold allerdings natürlich war, wird derjenige ermessen können, der mit dem Druck, unter dem die Juden seufzten, nur einigermaßen vertraut ist. Im Geld lernten die Juden die einzige Macht kennen, die sie schützen konnte, da man schon der enorm hohen Abgaben wegen, die man auf sie legte, die Juden den Städten gern erhielt oder, wo man sie vertrieben hatte, recht bald wieder aufnahm. Andrerseits waren die Juden in solchen Zeiten und Gegenden, wo ihnen Grundbesitz oder Ausübung eines Handwerks nicht gestattet war, darauf angewiesen, im Handel und Wucher die Mittel für ihre Existenz zu gewinnen. Sie unterhielten aus ihren Einkünften zugleich ihre armen oder den Studien ergebenen Glaubensbrüder, und schrieben es als verdiente Strafe Gottes der Vernachlässigung solcher Liebespflichten zu, wenn in verschiedenen Zeiten durch einen Federstrich des Kaisers sämtliche Judenschulden annulliert wurden. Übrigens waren die Juden nicht selten auch Schuldner der Christen, wie sie es ja auch nicht allein waren, welche den Geldhandel betrieben, sondern in den gesetzlichen Bestimmungen sehr oft neben den christlichen Lombarden und Kawertschen genannt werden. Daß eine Vergleichung der jüdischen Wucherer mit den christlichen nicht immer zu ihren Ungunsten ausfällt, dafür sei als ein Beispiel ein Bericht des ausgezeichneten nichtjüdischen Sachkenners Hüllmann in seinem Werk »Städtewesen im Mittelalter« (Bd. 2, 56) angeführt. »Bürger in Lindau am Bodensee trieben 1344 den wucherlichen Gewinn bis auf 216²/₃ Prozent. Daher war die Bürgerschaft froh, als sich ein jüdischer Wechsler niederließ, der jenen Christen beschämte und sich mit geringeren Zinsen begnügte.« Ferner (S. 62) »Härter als die Lombarden, mit denen sie sich oft in Urkunden und Gesetzen zusammengestellt finden, überhaupt als die christlichen Wucherer, behandelten sie ihre Schuldner nicht, ja zu dem angeführten Beispiel von Lindau mögen genug Seitenstücke vorgekommen sein.« Welche Funktion die mittelalterlichen Juden aber mit ihrem Geldhandel im großen und ganzen überhaupt zu erfüllen hatten, das sei kurz mit den Worten einer andern Autorität, des Dr. Neumann[1], gesagt. »Als Träger des Handels, als Förderer des persönlichen Kredits erwiesen die Juden sich überall dort, wo der Geldverkehr durch äußere Störungen unterbrochen ward, unschätz-

[1] Geschichte des Wuchers in Deutschland S. 292.

bar gleich einem unentbehrlichen Bindeglied. Die Juden allein hielten in Deutschland während der Zeit des eigentlichen Mittelalters den Gebrauch der Konventionalzinsen ohne Verdeckung aufrecht; sie allein standen hier dem kanonischen Wucherverbote direkt gegenüber, sie machten die Handeltreibenden, die Kapitalbesitzer und -sucher vertraut mit dem zinsbaren Darlehen, sie verhinderten ihre Entfremdung von dieser natürlichsten Entschädigungsart der Kapitalsnutzung, bei ihnen allein erkannte man den Wucher als erlaubt an, ganz wie später allgemein die Konventionalzinsen, und zog ihm nur aus Gründen der Billigkeit, der allgemeinen Wohlfahrt eine bestimmte Grenze. So wurden die Zinsgeschäfte der Juden Beispiele, Vorläufer, Anbahner des zinsbaren Darlehns.« Man vergleiche ferner, was Lecky[1] und Kießelbach[2] über die Bedeutung und die Tragweite des jüdischen Handels im Mittelalter äußern.

Heben wir einige Einzelheiten aus dem jüdischen Handel hervor, so müssen wir zuvörderst auf das große, persönliche Vertrauen hinweisen, welches die Juden in besseren Zeiten bei den Fürsten, der Geistlichkeit und dem Volke überhaupt besaßen. Es beweist dies vor allem die Übertragung der Erhebung des Ungelts und der Bete, besonders in den Provinzen, wo die Kontrolle schwierig war. Solches Vertrauen besaßen die Steuererheber, welche von dem Fürsten ordnungsmäßig bestallt wurden, wie Abraham von Kreuznach 1342, Mose Nürnberg 1364 für Heidelberg, Hanko von Weikersdorf und Aron von Berchtoldsdorf 1389, Joseph Walch von Wien, Schallum Lem von Krems, Slomlein Heinpus von Wien. Besonders mit der Geistlichkeit standen die Juden in enger Geschäftsverbindung und sicherten sich bei ihr eine feste Kundschaft, für die man in den jüdischen Quellen einen eige-

[1] Geschichte der Aufklärung (übersetzt von Jolowicz), II. S. 224.
[2] Der Gang des Geldhandels, 1860, S. 18 und 45.

nen Ausdruck, nämlich *Maarufia*, hat. Die Geistlichen verkauften den Juden die Naturalien ihrer Pfründen und erhielten von ihnen Vorschüsse auf ihr Getreide; sie kauften wiederum von den Juden Ornate, auch Bücher aus den Gebieten der Arznei, Logik, Mathematik und Musik. Dagegen vermieden die Juden, ihnen Bücher und Geräte für den religiösen Kultus zu verkaufen oder auf solche Gegenstände Geld zu leihen, was ihnen auch von der weltlichen Obrigkeit verboten war, und im Artikel 7 des »Sachsenspiegels« sogar mit strenger Strafe bedroht wird. Wo das Gesetz sie darin nicht beschränkt, finden wir Juden auch als Grundeigentümer, als Gastwirte, Mühlen- und Weinbergsbesitzer. Bei dem beträchtlichen Weinhandel, welcher im Mittelalter betrieben wurde, konnte es nicht fehlen, daß sie sich sehr stark an ihm beteiligten. Auch trieben sie Weinbau. Man gestattete, sich an den Mittelfeiertagen des Laubhüttenfestes mit der Weinlese zu beschäftigen, weil es Gebrauch sei, daß die vornehmsten Besitzer im Dorfe die Zeit der Weinlese bestimmen und diese pünktlich innegehalten werden müsse. Jüdischer Weinbergsbesitz ist uns im Jahre 1312 für Frankfurt am Main, im Jahre 1381 für Weinheim, 1354 für die Umgegend von Wien bezeugt.

Der Hauptplatz für den deutschen Weinhandel im Mittelalter war Ulm, daneben Frankfurt am Main. Daher waren in diesen Städten Juden zahlreich vertreten, so auch in Nürnberg, Augsburg und Regensburg. Diese Städte betrieben den ganzen Umsatz zwischen Süden und Norden, Osten und Westen und bildeten dadurch den Mittelpunkt des europäischen Festlandhandels. Besonders Regensburg bildete die Metropole des Donauhandels; von Konstantinopel, dem Hauptstapelplatze Europas, gingen die Waren des Orients durch Ungarn die Donau aufwärts bis hierher; die Regensburger Großhändler versandten sie dann weiter nach Westen und Norden. Juden waren unter den Großhändlern, und hatten an dem lebhaften Verkehr, der sich nach den fernsten Richtungen hin erstreckte, als solche führend teil, während sie in kleinen Städten und auf dem platten Lande auf den Hausierhandel angewiesen waren. Wir werden daher die Juden besonders an Knotenpunkten des Verkehrs in ausgebreiteten Handelsverbindungen finden. Sie gehen nach Ungarn, Galizien, selbst nach Litauen, bis nach Kiew hin und helfen mit, überallhin deutschen Erzeugnissen einen Markt zu eröffnen. Zugleich unterhielten sie auf diesem Wege den geistigen Verkehr zwischen den jüdischen Gelehrten, dessen Regsamkeit trotz der weiten Entfernung der Korrespondenten uns heute noch mit Staunen und Bewunderung erfüllen muß. Welchen Einfluß auf die Lehrtätigkeit und deren weitere Entwicklung mußte zum Beispiel der Besuch der im ganzen Mittelalter so berühmten Messe von Troyes, wo Raschi und seine Verwandten lebten und lehrten, auf die jüdischen Besucher aus Köln, Mainz, Worms üben! Allerdings läßt sich dies mehr vermuten als belegen, wiewohl es an einzelnen Winken hierfür in den Quellen durchaus nicht fehlt. Handelsbeziehungen führten Juden aus Deutschland im fünfzehnten Jahrhundert immer wieder nach Oberitalien; viele von ihnen ließen sich in Mestre, Cremona, Padua und Treviso nieder und begründeten dort eigene Gemeinden. Man wandte sich um Belehrung vorzüglich nach Italien und dem Orient, nachdem seit dem vierzehnten Jahrhundert die Schulen Nordfrankreichs unter der Gewalt der Bedrükkungen und Verfolgungen aufgehört hatten.

Die Verbindung der Juden mit den Ländern des Ostens, die nie ganz unterbrochen war, wurde besonders durch die regen Handelsbeziehungen im vierzehnten und fünfzehnten Jahrhundert sehr stark gefördert und damit allmählich die Zufluchtsstätte angebaut, welche am Ausgange des Mittelalters die aus Spanien und Portugal vertriebenen Juden dort fanden. Von importierten Handelsartikeln waren es vorzüglich Spezereien und Gewürze, welche die Juden aus dem Orient holten. Schon der Umstand, daß sie sehr häufig verurteilt wurden, ein Pfund Pfeffer als Strafe herzugeben, auch daß Leistungen in Pfeffer als fixierte Abgaben vorkommen, mag als Zeugnis gelten, daß Gewürze mit zu den vorzüglichen Handelsartikeln der Juden gehörten. Von einem Gelehrten, namens Sanwel, in Neustadt bei Wien, wird berichtet, daß er aus Kandia Zucker eingeführt habe, von dem R.Schalom auch am Peßach gegessen habe, während man den Genuß des gewöhnlichen Zuckers an diesem Feste nicht gern gestatten wollte.

Aber der Geld- und Warenhandel bildete nicht die ausschließliche Beschäftigung der Juden; auch die Wahrheit des Ausspruchs »Handwerk hat einen goldenen Boden« haben die Juden praktisch kennengelernt, so lange man ihnen überhaupt einen Boden für solche Tätigkeit gewährte. Nicht immer war dies der Fall; die Zünfte des Mittelalters ließen selten zu, daß die Juden auch außerhalb ihrer eigenen Zunft – und als solche betrachtete man die ganze Judenschaft, die wie jede andere Zunft auch ihre besondere Straße bewohnte, allerdings nur mit geringen Gerechtsamen und Privilegien ausgestattet – irgendein Handwerk betrieben. In seinem Werk »Die Juden in Deutschland« schildert Stobbe den Zustand zutreffend mit folgenden Worten: »Die ganze Ausbildung des gewerblichen Lebens und des Innungswesens schloß den Juden von jeder Teilnahme am Handwerk aus, und es blieb ihm keine andere Wahl, als vom Schacher und Wucher zu leben; denn der mittelalterliche Staat ließ ihm keine anderen Erwerbsquellen.« Und Ludwig Oelsner selbst, gegen dessen Meinung, daß die Juden durch Ergreifung des Handwerks die Spannungen zu ihren christlichen Mitbürgern hätten mildern, wenn nicht gar beseitigen können, Stobbes Worte gerichtet sind, sagt an anderer Stelle (Archiv Österreichischer Geschichtsquellen 31, S. 81): »Aber welch ein Dasein das, in dem das ursprünglichste Recht der Menschen, eine Wohnstätte zu besitzen, von fremder Gnade abhängig war! Was galt dem Juden sein Geburtshaus, seine Geburtsstadt? Nach wenigen Jahren vielleicht mußte er beide verlassen, um sie nie wieder zu sehen. Er wurde von den Bürgern nicht als Untergebener geachtet und kannte die verwandtschaftähnliche Liebe nicht, welche Landsleute miteinander verbindet. Er war als Fremdling angesehen, dem ein vorübergehendes Verweilen gestattet und für die kurze Dauer Sicherheit gewährt wurde. Man bezeichnete diesen Zustand sehr treffend mit dem Worte Friede oder Waffenstillstand. War die bewilligte Zeit vorüber, so trat gleichsam wieder der Kriegszustand ein, und der Schutzlosgewordene mußte eine neue Zufluchtsstätte suchen.«

Und doch müssen Juden auch Handwerke betrieben haben, ja müssen sich durch Geschicklichkeit und Vertrauen sogar eine größere Kundschaft erworben haben, wenn Friedrich der Schöne im Jahre 1316 den Juden zu Neustadt bei Wien das Schneiderhandwerk bei Konfiskation und Verfall der Kleider in die landesfürstliche Kammer verbietet. So wurde auch in Fürth einem angesessenen Juden nicht gestattet, ein Handwerk zu treiben, selbst wenn er es außerhalb erlernt hätte. Als besondere Gnade wurde es angesehen, daß man erlaubte, zwei oder drei jüdische Schneider für die Judenschaft zu halten, die sich aber nicht unterstehen durften, für Christen etwas zu fertigen, so wenig als ihre Barbiere oder Musikanten Christen bedienen durften. Wenn aber auch die Juden zum Betrieb eines Handwerks für eine christliche Kundschaft nicht zugelassen wurden, so werden wir sie immerhin für ihren eigenen Bedarf in den verschiedensten Handwerken tätig finden. So zum Beispiel waren sie

schon durch verschiedene religiöse Vorschriften darauf hingewiesen, Schneider und Bäcker in ihrer Mitte selbst zu haben. Ließ man nämlich ein Kleidungsstück bei einem nichtjüdischen Schneider anfertigen, so war zu besorgen, daß derselbe die verbotene Mischung von Wolle und Leinen (3.Mos. 22 11) anwenden werde, weshalb man häufig auch während des Anfertigens eines Kleidungsstückes in der Werkstätte des nichtjüdischen Schneiders verblieb. Aus einer anderen, ebenfalls auf religiöser Vorschrift beruhenden Besorgnis hatte man auch gern jüdische Bäcker. Wir finden unter den Juden des Mittelalters aber auch Maurer, Gerber, Schmiede, Schiffer, Buchbinder (Bücher zu binden, erlernten sie, wie aus mehreren Stellen im Buch der Frommen hervorgeht, häufig bei Mönchen), Kartenmaler, Bildhauer, Schwertfeger, Münzarbeiter, Petschierstecher u. a. m.
Aber in einem besonderen Fache war es, wo die Juden sich auch über ihren engeren Kreis hinaus behaupteten, und auch von den Christen gerne gesucht waren, nämlich als Ärzte. Wir können nach den Geschichtsquellen ganze Listen von jüdischen Ärzten aufstellen, die häufig von städtischen Verwaltungen besoldet und von der Judensteuer befreit waren. Von jüdischen Ärzten am Oberrhein hat man frühere Nachrichten als von den christlichen Laienärzten. Die Juden zu Speyer handelten schon um 1090 mit Arzneien, und 1491 begegnen wir einem jüdischen Apotheker in Jakob Haigerloch zu Ulm. Die Verzeichnisse von Heilmitteln, welche noch handschriftlich vorhanden sind, gewähren einen interessanten Einblick in die damalige Kurmethode der Judenärzte in den deutschen Gegenden. Allerdings standen die jüdischen Ärzte in Deutschland auf der sehr niedrigen Stufe der allgemeinen medizinischen Wissenschaft ihrer Zeit und halten keineswegs einen Vergleich mit den Ärzten in Spanien und Italien aus, wo sich die jüdischen Ärzte einen

bedeutenden Ruf und Namen in der Medizin erworben haben. Einzelne Kirchenbeschlüsse setzten zwar fest, die Juden sollten keine Arzneikunde treiben oder die Christen wenigstens keinen Juden annehmen, allein diese Bestimmungen wurden bei der oft überwiegenden Geschicklichkeit der jüdischen Ärzte gerne umgangen[1]. Selbst geistliche Fürsten hatten nicht selten jüdische Leibärzte und ließen sich davon durch die Verbote nicht abhalten.

Das Mittelalter glaubte übrigens alle Rabbiner in der Heilkunde erfahren. Wir hören von einem hochgestellten Christen, der in seiner Krankheit zum Rabbi schickte und flehentlich bat, ihm von seinem Weine zu senden, denn er wisse genau, daß er sonst sterben müsse. So sendet selbst der Erzbischof von Salzburg zum Rabbiner und bittet um eine nach jüdischer Vorschrift gefertigte Pfostenschrift (*Mesusa*) für seine Burg, die er damit wahrscheinlich vor jedem Unfall zu sichern glaubt. Es bedeutet eine bloße Umkehrung des Aberglaubens von den besonderen Wirkungskräften der Juden, wenn sie in jüngerer Zeit vorwiegend als Unheilbringer angesehen wurden, oder wenn an der Bergstraße in Süddeutschland noch bis vor kurzem der Wahn herrschte, daß ein Kranker, der zu sterben wünscht, den Rabbiner um langes Leben und Gesundheit für sich beten lassen müsse[2].

[1] Raumer, Hohenstaufen V S. 244.

[2] Wuttke, Der deutsche Volksglaube S. 141 u. 288.

WAS DIE LEHRE DES JUDENTUMS FÜR DIE BEZIEhungen des Juden zum Nichtjuden vorschreibt, ist in vielen Schriften der Gesetzeskunde wie der Moral-Literatur enthalten. Mit besonderem Nachdruck wird eingeschärft, in Treu und Glauben, im Handel und Wandel keinen Unterschied zwischen Juden und Nichtjuden zu machen. Jedes Unrecht gegen den Nichtjuden schließt außer der Sünde gegen das Gebot der Gotteslehre auch noch die schwere Sünde ein, daß hierdurch eine Entweihung des göttlichen Namens dem nichtjüdischen Kreise gegenüber hervorgerufen wird.

Man betrachte alle Nichtjuden als *Noachiden,* das heißt als solche, die wie Noah die sieben Gebote erfüllen, zu denen nach jüdischer Auffassung *alle* Menschen, auch die Nichtjuden, verpflichtet sind; nämlich: keine Götzen zu verehren, den Namen des alleinigen Gottes nicht zu höhnen, Besitz des Nächsten und Leben des Nächsten zu achten, Unkeuschheit zu meiden, kein dem lebenden Tiere entrissenes Glied zu verzehren und Gerechtigkeit zu pflegen. Solche Menschen, die ohne Juden zu sein, diese Gebote halten, müsse man noch mehr ehren als Israeliten, die sich dem Studium der Gotteslehre entziehen.

Daß diese Grundsätze nicht in allen Kreisen durchgedrungen sind und nicht zu allen Zeiten ihre Verwirklichung fanden, ist angesichts all der falschen Blutbeschuldigungen, Verfolgungen, Hetzereien, Metzeleien, Martern und Scheiterhaufen, von denen so viele Blätter in der Geschichte des Mittelalters berichten, nicht zu verwundern! Für jeden Tropfen Tinte, welchen die unterdrückten Juden jener traurigen Zeiten zum Niederschreiben liebloser Bezeichnungen für ihre Unterdrücker gebrauchten, sind vorher Ströme jüdischen Blutes geflossen.

Um so mehr verdient es hervorgehoben zu werden, wenn sich trotzdem nicht selten Nachrichten finden, welche auf einen friedlichen und freundlichen Verkehr zwischen Juden und Christen schließen lassen. Mitunter werden die Namen verstorbener Juden mit dem Worte »selig« angeführt, so zum Beispiel in einer Urkunde aus Frankfurt am Main aus dem Jahre 1377, worin es heißt: Salmans selige Kinder von Oppenheim. Eine solche Bezeichnung, durch welche die später als ewig verdammt betrachteten Juden auch noch nach ihrem Tode den Christen gleichgestellt wurden, ist zwei und drei Jahrhunderte danach schwerlich irgendeinem Frankfurter Ratsherrn je in den Sinn gekommen.

Dankbares Gedächtnis wird in einer jüdischen Quelle einem Ortsvorsteher zu Ulm aus der Mitte des fünfzehnten Jahrhunderts, mit Namen Östreicher, bewahrt. Er wird als ein Beamter gerühmt, der stets gerecht und unparteiisch sein Amt verwaltet hat und niemals Ungerechtigkeiten gegen die jüdischen Mitbürger aufkommen ließ. Isserlein teilt aus seiner Jugendzeit mit, daß einmal ein Ordensgeistlicher aus Preußen nach Wien gekommen sei, der, sooft Juden in Geschäften vor ihm erschienen, die Rücksicht nahm, den Mantel, an dem das Kreuz befestigt war, umzuschlagen, damit ihm die Juden die erforderlichen Ehrenbezeigungen ohne religiöse Bedenken erweisen könnten. Isserlein selbst war mit anderen der Ansicht, daß man bei preußischen Ordensbrüdern (in einer jüdischen Quelle »Deutschherren« genannt) eine Ausnahme machen dürfte, da ihr Kreuz nur ein Abzeichen dafür sei, daß sie dem Ordenslande angehörten.

Jißrael Bruna, in der zweiten Hälfte des fünfzehnten Jahrhunderts persönlich von den wuchtigen Schlägen einer verfolgungssüchtigen Zeit schmerzlich getroffen, lehrt seinen Schülern, daß man auch Nichtjuden selbst mit Worten niemals täuschen dürfe. Er grüßt daher in Regensburg beim Spaziergange am Sabbat die an einer Brückenreparatur beschäftigten Arbeiter »Gott helf euch,

Gott helf euch!« und tadelt, daß manche beim Weggehen eines Christen auf den Abschiedsgruß »Gott segne euch« zu antworten pflegen: »Ein gutes Jahr über ganz Israel«, man müsse wie üblich antworten: »Man dankt euch!«

Eine gewisse Unbefangenheit im Verkehr zwischen Juden und Christen zeigt sich auch in den religiösen Disputationen der älteren Zeit, als sie den Juden noch nicht als Schaustellungen mit einem von vorneherein feststehenden Ergebnis aufgezwungen waren. Sie erhoben sich in Deutschland allerdings niemals zu der Bedeutung, die sie in Frankreich und Spanien hatten. Bei der guten Bibelkenntnis der Juden sahen sich die Christen genötigt, besondere Bücher zum Gebrauche bei Disputationen zu verfassen. Von einem namhaften Erfolg für den Übertritt zum Christentum erfährt man wenig. Nur in den Zeiten grausamer Verfolgungen kamen Zwangstaufen vor, auf die aber bei der Wiederkehr ruhiger Zeiten gewöhnlich Rücktritte zur väterlichen Religion folgten. Oft hatten die Gesetzeslehrer über Konsequenzen, die religionsgesetzlich hieraus entstanden, zu entscheiden. Dagegen werden unter den Opfern der Verfolgungen auch Christen genannt, welche zum Judentum übergetreten waren und in den Zeiten der Gefahr für ihre Überzeugungstreue das Leben ließen. So werden erwähnt: Im Judenschlachten zu Köln am 1. Juni 1096 die Proselytin Chazewa und ein Proselyt, dessen Name nicht bekannt ist; in Weißenburg im Elsaß am 4. Juli 1270: Abraham aus Frankreich, einst Prior aller Barfüßermönche, welcher seinem ersten Glauben entsagt hatte und als überzeugungstreuer Jude den Feuertod erlitt; eben daselbst Abraham, Sohn unseres Stammvaters Abraham, aus Augsburg, welcher das Christentum verlassen und sich zur jüdischen Religion bekannt hatte. Isaak, ein Proselyt aus Würzburg, erlitt 1298 den Feuertod, ebenso erduldete in Nürnberg am 1. August 1298 ein nicht näher bezeichneter Proselyt, der sich während der Verfolgung zum Judentum bekannte, standhaft den Tod.

Es fehlte auch nicht an Christen, die in Zeiten der Verfolgungen Juden in ihren Häusern eine Zuflucht gewährten und sie beschützten, solange die Volkswut sich nicht gegen sie selbst kehrte. So wurde in Worms im Jahre 1096 eine angesehene Jüdin, Frau Minna, im Keller eines christlichen Hauses verborgen gehalten, in Mainz der Armenvorsteher Dawid ben Netanel mit seiner ganzen Familie sogar von einem Geistlichen aufgenommen, wie auch der Erzbischof von Mainz den bei ihm angesehenen Gemeindevorsteher Kalonymos und noch dreiundfünfzig jüngere Leute zunächst in der Sakristei und dann in seinem Schloß Rüdesheim retten wollte. Auch in Köln flüchteten viele Juden, als sie vom Herannahen der Kreuzfahrer hörten, zunächst zu ihren christlichen Bekannten. Freilich endeten alle diese Fälle mit Versuchen zur Bekehrung der Juden und, da diese nicht einwilligten, mit ihrem Martyrium.

Wirksameren Schutz konnten Fürsten und Obrigkeiten gewähren. Vor dem zweiten Kreuzzug 1146 nahm König Konrad die Juden in seine feste Stadt Nürnberg und andere feste Städte, der Kölner Erzbischof die seinen in die Wolkenburg bei Königswinter auf, und so wurden sie gerettet. Denkwürdig ist das Beispiel des Bürgerrats von Regensburg, der im Jahre 1298, als durch den Edelmann Rindfleisch ein allgemeines Morden in jener Gegend angezettelt wurde, erklärte, daß es die Ehre der Stadt verbiete, die Juden ohne Richterspruch zu töten.

Diejenigen, welche um des Glaubens willen den Tod erlitten, hießen Heilige. Das Andenken eines Märtyrers sollte stets in Ehren gehalten werden. Jedermann war verpflichtet, um ihn zu trauern; der Witwe eines Heiligen wurde empfohlen, »Gott und den Gefallenen zu ehren«, indem sie keine neue Ehe einging. Das verspritzte Blut des Märtyrers sollte nicht aus dem Hause beseitigt werden. In den Kleidern, in denen sie erschlagen gefunden wurden, sollten sie begraben werden. Der Seelen der Märtyrer wurde im öffentlichen Gottesdienste gedacht und ein besonderes Gebet eigens hierzu verfaßt. Aus den Aufzeichnungen solcher Namen entstanden die sogenannten *Memorbücher,* welche gesammelt, jetzt unter dem Titel »Martyrologium« einen stattlichen Band bilden, ein Denkmal aus jüdischer Leidenszeit, den Toten zur Ehre, den Lebenden zur Lehre.

Die Martyrien und Verfolgungen haben in hebräischen Dichtungen ihren Niederschlag gefunden, die den überkommenen Gebetordnungen eingefügt worden sind. Aus diesen Poesien, *Sselichot* (Bußdichtungen) und *Kinot* (Klagelieder), vor allem erfahren wir die Stimmung, mit der man sich den Leiden unterwarf; denn es sind die Überlebenden der betroffenen Gemeinden selber, die in ihnen ihre Nöte und Bitten niederlegen und nach Abhilfe schreien. Zwar werden der Glaube an die göttlichen Verheißungen und die Zuversicht in die Sendung Israels niemals preisgegeben; man sucht in den eigenen Sünden und in denen der Väter die Ursache für das erfahrene Unheil. Immer wieder aber klingt die bittere Frage auf, ob denn all das Erlittene der Sühne noch nicht genug tue, immer wieder wird die Preisgegebenheit der Herde vor Gott angeklagt.

Aus der großen Fülle solcher Klagelieder, welche die Liturgie aus jenen Zeiten aufgenommen hat, möge zum Beschluß eines hier nach der Übersetzung Seligmann Hellers folgen. Es ist das Gebet eines R.Meïr für den 10. Adar, das sich wahrscheinlich auf die Gemetzel des Jahres 1349 bezieht und im Ritus Worms erhalten ist:

Seufzen, Wimmern,
Jammerklagen!
Schwerter klirren,
Die mein armes Volk erschlagen,
Das die Mörder
Noch zu höhnen wagen,
Die Entsetzten, Müdgehetzten
Aus dem Lande jagen!
Felsenriffe
Bluten, wo wir sterbend lagen –
Kannst du, Herr! kannst du's ertragen?

Pest von Schwindlern
Hören wir uns schelten,
Als Verruchte, als Verfluchte
Läßt man uns nur gelten;
Unter Schauern kauern
Wir in Höhlen – Todeszelten,
Wo die Leiber unserer Weiber,
Unsrer Kleinen sie zerschellten,
So verachtet, hingeschlachtet,
Muß ich, muß verzagen –
Kannst du, Herr! kannst du's ertragen?

Feinde pflanzen
Zahllos auf die Zeichen,
Schleudern Speere
Die das Herz erreichen,
Raufen, schänden das Gesicht mit Bränden,
Füllen Gruben mit den Leichen.
Wenn im Tale

Tiefgeduckt wir schleichen,
Spähn die Schergen von den Bergen,
Auf uns loszuschlagen –
Kannst du, Herr! kannst du's ertragen?

Vorn die einen,
Andre stehen im Rücken;
Wie mit Sägen sie zu Schlägen
Und mit Äxten an uns rücken!
Ammon, Amalek, sie alle
Üben Tück' auf Tücken,
Edom tut es allen
Vor, uns zu bedrücken;
Mord und Tod erwartet,
Die sich ihm nicht bücken!
Eingeschlungen, was errungen
Unter Müh und Plagen –
Kannst du, Herr! kannst du's ertragen?

Wie wir stöhnen
Unter solchen Ruten,
An Gestrüpp und Dornen
Uns verbluten!
Warum den Tyrannen,
Gabst du preis die Guten,
Löwen uns zur Beute,
Wilden Wasserfluten?
Wie am Nacken roh sie packen,
Schimpf ins Antlitz sagen –
Kannst du, Herr! kannst du's ertragen?

Sieh in Not und Drangsal
Uns der Hoffnung leben!
Hör uns rufen an den Stufen
Deines Throns mit Beben!

Laß der Armen dich erbarmen,
Die ihr Herz dir geben!
Darfst, aus Ketten uns zu retten,
Und wie einst zu heben;
Darfst, zu trösten die Erlösten,
Daß in Lust sie schweben,
Darfst nur unsre Tränen fragen –
Kannst du, Herr! kannst du's ertragen?

www.ingramcontent.com/pod-product-compliance
Lightning Source LLC
Chambersburg PA
CBHW081139300726
48982CB00006B/1008

* 9 7 8 3 9 5 8 0 1 1 8 5 4 *